Mundos Superiores

Rav Michael Laitman

LAITMAN
KABBALAH PUBLISHERS

Mundos Superiores

Laitman Kabbalah Publishers
1057 Steeles Avenue West, PO BOX 532
Toronto, ON – M2R3X1
Canada

Primera Edicion Enero 2014
Impreso en Israel

ISBN: 978-1-897448-92-2

Traduccion: Edit Shemer, Sebastian Russo y Favio Mora
Gráficos: Alberto Bakaleinik
Revision: Merav Gottdank
Diseño: Henry Aponte
Fotografia de Tapa: Araceli Leon
Post Produccion: Uri Shabtai, Uri Laitman y Michael Brushtein.
Coordinador del proyecto: Tal Tzitayat

Contenido

Introducción

Todo lo que sabemos acerca de nuestro mundo y de nosotros mismos, es la revelación interna de nuestra impresión interior de la naturaleza que nos rodea – impresión que depende de nuestras cualidades y sentidos.

Los investigadores de la naturaleza revelan que cada criatura percibe la naturaleza de manera diferente, de acuerdo a sus sentidos y nivel de desarrollo. Incluso el hombre, aunque tuviera otros sentidos, no podría percibir al mundo de manera diferente. Pero podemos decir que aunque vivimos en una realidad permanente y absoluta, que existe por sí misma, sin tener en cuenta nuestros sentidos, la realidad tal como la percibimos existe solamente en nuestra imaginación y en nuestros sentidos. Esta se representa en nosotros de esta forma y no de otra, porque así logramos elaborarla y construirla dentro de nosotros de acuerdo a nuestros atributos interiores.

La sabiduría de la Cabalá, nos enseña que aparte del hombre, existe una fuerza llamada "Luz Superior". El atributo de esta fuerza es el otorgamiento (aquí es el momento de indicar que los cabalistas utilizan el término "otorgamiento" o "deseo de otorgar" en el sentido de dar o deseo de entregar). La persona siente el vínculo que existe entre sus atributos internos y los de otorgamiento, y esta relación se representa en su mente como la imagen de su mundo. Con esto queda claro que si podríamos cambiar nuestros atributos internos, percibiríamos una realidad diferente en función a ese cambio interior.

La ley de la naturaleza consiste en que todo lo creado – inanimado, vegetal, animado o hablante – se siente bien cuando se encuentra en equilibrio con la naturaleza que lo rodea. Cada cuerpo vivo que está en un nivel superior al inanimado, puede cambiar sus cualidades interiores y adaptarse a la realidad exterior. La tentativa de alcanzar una equivalencia de atributos con la naturaleza, es el camino de todo ser para protegerse y desarrollarse.

Y es por eso que nuestro estado ideal se reduce al descubrimiento indirecto de los atributos de la naturaleza que nos rodea y a nuestra adaptación a ellos. En este estado, sentiremos que logramos elevarnos por encima de todas nuestras carencias y defectos, por encima de los golpes del destino, de los sufrimientos, las enfermedades y la muerte, que todos estos, no son más que señales de una falta de equilibrio entre nosotros y la naturaleza exterior.

Los cabalistas dicen que la naturaleza exterior es la Luz Superior y su atributo es el de un otorgamiento completo, eterno e invariable. Por lo tanto, si equilibramos nuestras diferentes cualidades internas con la de otorgamiento, lograremos un equilibrio perfecto con la fuerza general de la naturaleza y alcanzaremos la misma eternidad y perfección que el atributo de otorgamiento. Aquí está el lugar de la sabiduría de la Cabalá, que extiende frente a nosotros el proceso con el cual podremos cambiar nuestros atributos internos hasta lograr equilibrarnos totalmente con la naturaleza exterior.

Dentro de la sabiduría de la Cabalá aprenderemos que la relación, entre nuestros atributos internos y la Luz Superior, se ha formado con la ayuda de un sistema llamado "mundos" - sistema que va disminuyendo la Luz Superior y se dirige hacia nuestros sentidos. Quien desea comenzar a comunicarse y asimilar sus atributos al de la Luz Superior, se encuentra a una distancia de cinco mundos de la Luz, es decir, que cinco mundos nos separan de la Luz Superior. Ésta va menguando a través de los mundos hasta que el individuo ni siquiera logra percibirla.

Aquel que asciende por los escalones de los mundos espirituales, adquiere paulatinamente el atributo de otorgamiento y por hacerlo, esos cinco mundos se van reduciendo. De esta forma, va complementando su corrección, elevándose y adquiriendo el atributo de otorgamiento hasta alcanzar el estado en el cual todos los mundos son captados en él como su propio atributo de otorgamiento. Entonces, ya no queda nada que lo difiera de la Luz Superior. Tal como esta se refiere a él, con amor, sin ocultarse y de manera ilimitada, él se refiere a ella. La Luz Superior y el individuo se adhieren y se integran entre sí. En realidad, este es el propósito del desarrollo humano en nuestro mundo.

Con esto, nos queda clara la importancia de conocer el sistema de los mundos destinado para el uso humano. Toda la sabiduría de la Cabalá está relacionada con el estudio del sistema de los mundos, su descripción, las fuerzas de otorgamiento que se encuentran en ellos, y la reducción de fuerza de otorgamiento dirigida a cada atributo y deseo del individuo. Mediante el estudio de la Cabalá, el individuo aclara los atributos de los que ha sido dotado y también qué debe corregir y qué debe conseguir de este sistema. Con estos descubrimientos, la persona se va formando hasta alcanzar la integridad y deshacerse de todos los límites, tormentos y dolores que se le han de revelar en este mundo.

El camino del hombre hacia la Luz Superior atraviesa cuatro mundos llamados *"Asiyá, Yetzirá, Briá, y Atzilut"*. En sus comienzos, como "principiante" en el estudio de la sabiduría de la Cabalá, uno va descubriendo cuan distante está de la espiritualidad y del atributo de otorgamiento. Uno atraviesa situaciones de incertidumbre y no logra atribuirlas a la Luz Superior, la cual es buena y benefactora. Piensa que la desilusión y la confusión provienen de otros factores y no de la Luz única. Sin embargo, a pesar del múltiple ocultamiento, debe adoptar todas las medidas que le permitan mantenerse en contacto con la luz.

Si el individuo se supera y pasa esta fase, significa que atravesó los mundos de *Asiyá* y *Yetzirá*. Así, la persona adquiere el descubrimiento de la Luz en su interior y se forma en ella la medida más pequeña del atributo de otorgamiento, en la cual logra sentir la Luz Superior.

Rav Michael Laitman

Después de los mundos de *Asiyá y Yetzirá,* aparece una secuencia de revelaciones del trabajo de "recompensa y castigo" en el mundo de *Briá.* Con estos descubrimientos, uno ve que cuanto más se asimila a la Luz, entra en mejores estados, y por el contrario: cuanto menos se asimila, los estados se perciben como castigo y sufrimiento. Incluso en la sensación de sufrimiento debe conectarse con la Luz Superior, que siempre se comporta hacia uno como buena y benefactora. Uno debe saber que los sufrimientos no son más que la falta de su propia corrección, y con seguridad, no provienen directamente de la forma en que la Luz se refiere a él.

Al completar esta fase y atribuir todo a la Luz, esto significa que el individuo ha ascendido del mundo de *Briá* al de *Atzilut.* En este estado, como consecuencia de todas las fases previas en las cuales se ha demostrado a sí mismo que la Luz Superior ha sido con él benefactora en todas las situaciones. La persona llega a amar la Luz. Desde la altura de su escalón, evalúa sus reencarnaciones anteriores, y descubre que en todas ellas, la Luz Superior se ha referido a ella con bondad y beneficio.

En la próxima fase, el individuo comienza a examinar la relación de la Luz Superior con todas las almas en todas sus reencarnaciones. Este se une a todas ellas con amor a la Luz Superior y así, se convierten en el creado colectivo – el único creado que se presenta ante el único Creador en una relación de mutuo amor y un inocente y eterno otorgamiento. De este modo, se adhieren entre sí el Creador y su creado, sin que exista entre ellos ninguna diferencia.

8

PRIMERA PARTE

Descubrimiento de la realidad superior

La sabiduría de la Cabalá analiza la estructura de la realidad general, desde sus comienzos. Esta antigua sabiduría, nos fue entregada por personas que desarrollaron sistemas, herramientas y métodos para conseguir la naturaleza espiritual. Aquellos adquiridores de la espiritualidad investigaron profundamente la realidad y nos relataron lo que habían alcanzado.

Todas las sabidurías del mundo y las ciencias naturales son el resultado de la investigación de una parte determinada de la realidad en la cual se encuentra el hombre. Esta investigación es realizada a través de cinco sentidos: vista, audición, olfato, gusto y tacto. Pero existe otra parte de la realidad que está oculta a nuestra vista – la cual el hombre no percibe con sus cinco sentidos. Es posible investigarla solamente desarrollando un sentido adicional o un nuevo atributo, utilizando la sabiduría de la Cabalá. Esta sabiduría, le esclarece al individuo lo que naturalmente está oculto ante él, y por eso se la llama "sabiduría del ocultismo".

¿Por qué una parte de la realidad se encuentra oculta y otra descubierta? Porque el hombre percibe la realidad según la equivalencia entre los atributos. En otras palabras, el individuo descubre lo que está a su alrededor de acuerdo a sus atributos internos y si se abrieran esos atributos que le faltan, los percibiría fuera de él como formas anexas.

Desde el principio, los sentidos humanos están regulados para captar ondas de una intensidad y frecuencia determinada. Si la frecuencia e intensidad de las ondas que se encuentran fuera del hombre son iguales a la orientación de sus sentidos, este las captará, y no importa si esas ondas contactan con los nervios olfatorios, con el ojo o con el tímpano. Fuera del individuo hay solo ondas, y si su sistema corporal interior logra captarlas, se forma en él la imagen de la realidad.

El sistema cabalístico ayuda a la persona a construir un nuevo atributo en su interior, un nuevo sensor que le permite captar frecuencias nunca antes percibidas. Esta nueva adición, forma una imagen accesoria denominada "mundo superior".

¿Por qué se conoce este mundo como "superior"? Porque uno logra descubrir que en esa parte de la realidad que hasta el momento estaba oculta ante sus ojos y ahora le es revelada, nacen todas las fuerzas futuras que se percibirán de diferentes formas en sus sentidos naturales. Estas fuerzas, las captará como algo generado por encima de sus sentidos naturales que luego desciende a sus sentidos e ilustra en ellos la imagen del nuevo mundo y la percepción del tiempo. La nueva realidad que se revela al hombre es llamada "mundo superior", porque precede a lo que sentirá en sus sentidos naturales. Con esto también nos queda claro el motivo por el cual a aquellos que obtuvieron la espiritualidad se les llama "cabalistas" (del hebreo: receptores): el nombre cabalista indica su capacidad de recibir la imagen de la realidad anterior como la imagen natural captada por sus cinco sentidos.

El descubrimiento de la realidad superior, sus raíces y su investigación, permite comprender sus orígenes. Investigando el mundo superior, el hombre obtiene la fuerza especial que encierra en ella todos los sucesos del mundo superior y también los de este mundo a la vez. Es lo primero que uno alcanza y es por eso que se le conoce con el nombre de *"Boré"* (*Bo Re* - Ven y Ve) - Creador.

El Creador ha creado la realidad superior e inferior en su totalidad, los niveles inanimado, vegetal, animado y hablante que existen en ella. Él dirige, controla y domina cada uno de los detalles con una sola fuerza, un solo pensamiento y un solo propósito. Esto es lo que se revela a los cabalistas al aprender la realidad superior.

Los cabalistas descubren que la naturaleza de la Fuerza Superior hacia toda la creación es "buena y benefactora" – buena y benefactora en relación a todos los sentidos, los que el hombre logra desarrollar y aquellos que son innatos y siente a través de ellos la influencia de una fuerza única. El punto de partida de esta única fuerza es el amor. Así sienten los cabalistas. Partiendo del amor, llamado en el lenguaje cabalístico "deseo de otorgar", creó el Creador toda la realidad, los niveles inanimado, vegetal, animado y hablante, con el propósito de beneficiarle. ¿Qué es esa "naturaleza"? la Fuerza Superior es infinita, íntegra – su amor, denominado "deseo de otorgar", no proviene de la carencia sino del otorgamiento, de todo lo bueno que siente con su integridad. Por lo tanto, el Creador desea llevar a sus creados a un estado en que ellos mismos descubran Su integridad – y entonces, a través de Su acción, beneficiar a sus criaturas.

Pero si el creado se encuentra fuera del Creador, ¿cómo es posible llevarlo a la perfección del propio Creador? Es decir, si esa Fuerza Superior única se encuentra en un estado perfecto, ¿cómo es posible que otra entidad se encuentre en ese mismo estado de perfección? Para que esto sea posible, los dos deben convertirse realmente en uno, o al menos hallarse en la misma cualidad. Preguntas como estas nos familiarizan con los primeros términos básicos de la sabiduría de la Cabalá. La semejanza entre dos cuerpos se conoce en Cabalá como "equivalencia de forma". Esta equivalencia describe el estado en el que dos cuerpos, dos deseos, dos personas, o el Creador y una persona, permanecen cada uno acorde a su naturaleza, sin hacer ningún cambio, pero con atributos e intenciones similares.

El atributo del Creador es el otorgamiento. El material del Creador, o la respuesta a la pregunta quién es el Creador, se encuentran más allá de la percepción humana. La sabiduría de la Cabalá la denomina "Su Esencia". El hombre percibe solo lo que a él llega del Creador y por lo tanto no tiene ningún fundamento para hablar de "Su Esencia".

Del Creador llega al creado lo bueno – el atributo de otorgamiento (ver Diagrama N° 1). De este modo, el creado siente el atributo del Creador hacia él. Sin tomar en cuenta la naturaleza del hombre – alcanzando la medida de otorgamiento que existe en el Creador hacia él, igualará su forma a la del Creador y se le asimilará. El otorgamiento del Creador al hombre es lo único que éste comprende, siente y capta. De esta forma, se le revela la naturaleza del Creador. El hombre solo debe llegar a esa forma de otorgamiento al Creador para igualarse a Él.

Diagrama N° 1

El creado alcanza la cualidad de otorgamiento

El bien

El Creador
=
Cualidad de otorgamiento

=

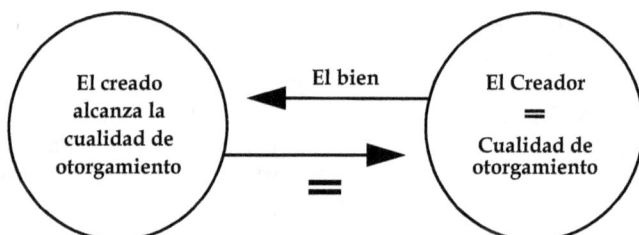

Como hemos dicho, el propósito de la creación es llevar a los creados al estado del Creador, porque Su estado es la perfección. El Creador nos ha creado de manera que anhelemos esa perfección, y la sensación de su falta se conoce en el lenguaje cabalístico como "carencia". En el hombre está impreso un impulso interminable de alcanzar la perfección del Creador. Este impulso proviene del pensamiento del Creador hacia nosotros – pensamiento llamado "el Plan de la Creación el cual es beneficiar a Sus creados".

El creado percibe del Creador sólo Su atributo de otorgamiento. Fuera de eso, no percibe de Él más nada; todo lo demás es a nivel de "Su Esencia". Esto se puede comparar a la manera en que un niño percibe a su madre, comportándose como si ella fuera toda para él – que toda su función es servirlo y preocuparse por él. El niño no logra captar la esencia de su madre y no está consciente de que es también mujer o esposa, o que tiene otras ocupaciones o problemas. Para el pequeño, su madre está consagrada a él y debe preocuparse por él y solamente capta su actitud respecto a él y de acuerdo a eso la llama "mamá".

Así como se comporta una madre con su hijo, lo hace también el Creador con sus creados. Si el hombre adquiere el atributo del Creador, que es el de otorgamiento, se asimila a Él y siente que se encuentran juntos. El hombre consigue el estado del Creador, y con esto, alcanza la perfección de acuerdo al Plan de la Creación. En este contexto, es importante recordar, que la equivalencia de forma implica equiparar las formas externas del Creador y el creado. El material de la criatura permanece sin cambiar.

Diferentes grados en la equivalencia de forma

El creado posee muchos atributos, y debe llegar al estado en que todos estén en la forma de otorgamiento. Solo así la equivalencia de su forma con la del Creador será considerada perfecta. Pero la equivalencia de forma puede ser también parcial:

- Si el hombre no se encuentra en el estado de otorgamiento como el del Creador en absoluto, entonces, es completamente opuesto al Creador, y está tan lejos de Él como oriente de occidente (ver Diagrama N° 2, fase 1).

- Si uno de los atributos del creado se asimila al del Creador, se produce entre ellos un contacto en ese mismo atributo (Diagrama N° 2, fase 2).

- Si varios de los atributos del creado se asemejan a los del Creador, entonces, ambos se conectan juntos en esos mismos atributos (Diagrama N° 2, fase 3).

- Cuando todos los atributos del hombre se asemejan al del Creador, ambos serán como uno (Diagrama No 2, fase 4).

El estado en el cual el hombre logra corregir todos sus atributos de acuerdo al Creador, se llama, en la sabiduría de la Cabalá, "unidad", "perfección" o "adhesión".

Diagrama N°. 2

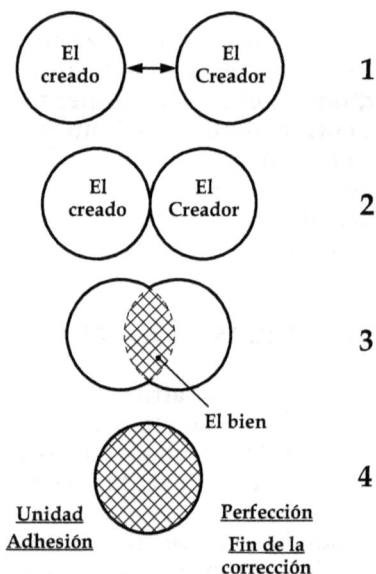

El creado ← → El Creador   **1**

El creado / El Creador   **2**

3

El bien

4

Unidad
Adhesión

Perfección
Fin de la
corrección

A veces, los cabalistas utilizan el término "adhesión" para representar el final de la corrección. Esta palabra indica la adhesión del Creador y su creado, juntos, como dos atributos idénticos. Por parte del Creador, el final de la corrección es la meta de la Creación. Por parte del creado, es la meta de su desarrollo.

Vía del desarrollo

Como hemos mencionado, la sabiduría de la Cabalá distingue entre "Su Esencia" y el "Creador", el cual crea a sus creados mediante el atributo de otorgamiento con el plan de que se le asimilen, y luego de crearlos influye en ellos para que se asemejen a Él.

El Plan del Creador hacia nosotros se denomina "Plan de la Creación de beneficiar a Sus creados". Pero nosotros, lo sentimos así solo después de asimilarnos a Él – entonces, nos sentimos bien. Durante nuestro desarrollo, cuando trabajamos en nuestra corrección de la equivalencia de forma, antes de lograr nuestro estado final, probablemente nos sintamos mal.

Durante el desarrollo, el hombre se encuentra en un estado de elección. Y es por eso, que justamente al hombre, y no al inanimado, vegetal o animal, se le dio la posibilidad de recibir la sabiduría de la Cabalá y comprender a través de ella los acontecimientos y el mundo en el que vive. Durante el desarrollo, el hombre avanza solo a través del libre albedrío. El trabajo sobre la equivalencia de forma, requiere del hombre mucho empeño y esfuerzo, y sólo al hacerlo, puede lograr un avance – no hay otra opción.

La función de la sabiduría de la Cabalá, es explicar al individuo cuál es el esfuerzo que se requiere para completar todo el camino, desde el momento de su creación hasta el final de su corrección. Esta sabiduría esclarece las acciones que el hombre debe efectuar por sí mismo, por su propia voluntad y conciencia, para llegar desde la forma opuesta hasta el final de la corrección – del estado en el cual el Creador otorga y Su creado no, hasta la perfección, la unidad y la adhesión.

Los cabalistas dicen que el hombre atraviesa parte del camino sin tener conciencia de ello. Nace, vive y muere sin saber dónde se encuentra y qué debe hacer. Otra parte del camino, lo atraviesa conscientemente. Comienza a interesarse y como resultado, logra comprender dónde se encuentra, en qué realidad, qué debe hacer y cómo unirse al Plan de la Creación de beneficiar a Sus creados.

Este plan activa toda la realidad y presiona al hombre con el fin de moverlo de su estado inicial al de su corrección final. Por lo tanto, los cabalistas dicen que el Plan de la Creación es el motivo de todos los problemas y sufrimientos, de todos los eventos desagradables y de todas las carencias, desde las más pequeñas hasta las más grandes. El Plan de la Creación proviene de todo lo bueno del Creador, pero empuja al individuo hacia la equivalencia de forma y es por eso que sentimos esa presión como negativa.

Todo lo malo y todas las dificultades que siente el hombre son manifestaciones de la falta de equivalencia de forma con el Creador. Si solo el estado en el que el creado y el Creador se encuentran en unidad es percibido por el hombre como positivo, entonces mientras no alcance este estado se sentirá mal. Resulta con esto que el creado se siente mal de acuerdo a su desarrollo si ha llegado al estado en el cual de acuerdo al Plan de la Creación debe apresurarse en su evolución.

Como dijimos anteriormente, la sabiduría de la Cabalá esclarece el concepto de *"Bo Re"* (Creador), derivada de la combinación de las palabras "Ven y Ve", indica la capacidad del creado de descubrir al Creador, acercarse a Él, comprenderlo, y como resultado, entender cómo puede cambiar en relación a Él. La sabiduría de la Cabalá se ocupa de la realidad en general, la superior y la inferior, la percibida por los cinco sentidos y aquella que se siente con un sentido adicional. Ella nos aclara el desarrollo de toda la creación, tanto en sus causas como en sus formas. Nos explica, además, el motivo por el cual el mundo está estructurado de esta forma y describe el desarrollo de cada una de las almas y cada uno de los detalles de la creación, como así también las relaciones entre cada una de sus partes. De acuerdo a la sabiduría de la Cabalá, el hombre, como corona de la creación, está comprometido a llevar toda la realidad a la unión, la perfección, la corrección final.

El camino del hombre lo conduce de un total distanciamiento del Creador a una total equivalencia de forma con Él. Del mismo modo que el Creador otorga al hombre, y este lo siente y de la forma como el hombre percibe al Creador, así debe este corregirse en su forma externa respecto al Creador. Es así como el hombre comienza su camino de manera totalmente opuesta al Creador. Al principio de su creación completamente opuesto al Creador, y al final de su corrección totalmente semejante. El recorrido desde el estado inicial al estado final se denomina "camino de la corrección", y el hombre avanza en él por elección propia.

La pregunta es, ¿por qué el hombre debe iniciar su recorrido desde un estado opuesto al del Creador, y desde allí atravesar todo el camino? Los cabalistas dicen, que para sentir el estado de adhesión, debemos sentir primero su carencia. Cada una de las sensaciones del hombre son sentidas en relación a su estado opuesto, como está escrito: "el predominio de la luz sobre la oscuridad" (Eclesiastés 2:13). Incluso en nuestro mundo, la experiencia sobre algunos detalles de la realidad exige el conocimiento de todos sus elementos contrapuestos. Sólo así, el hombre puede lograr adquirir conocimiento sobre algo determinado. Este nunca percibe algo por lo que es, sino solo relacionándolo o comparándolo con otra cosa.

El conocimiento de la persona proviene del enfrentamiento de dos elementos, uno frente al otro.

El hombre entonces debe experimentar y comprender su estado incompleto, un estado sin corrección y adhesión, y al descubrir esta carencia, alcanzar el estado perfecto.

El final de la acción se encuentra en el pensamiento inicial

Antes de comenzar el estudio, repasaremos las formas de aprendizaje.

Los cabalistas alcanzan la realidad superior, que incluye nuestra realidad. Ellos sienten tanto las raíces superiores como sus registros en nuestro mundo y nos describen sus logros espirituales.

La sensación de la realidad superior, comienza con la mínima obtención de las raíces de la realidad, lo que encontramos por encima de lo que se revela ante nuestros ojos, por encima de la sensación de nosotros mismos y de lo que nos rodea. Esta sensación va creciendo hasta conseguir todo lo que existe, todo lo que tiene origen en el Creador y se llama "creado". El nivel más profundo del alcance espiritual incluye la sensación de los mundos superiores y la de nuestro mundo, la sensación de los creados en los mundos superiores y en nuestro mundo, la obtención de las vías de dirección y supervisión, las correcciones y los desarrollos durante todos los estados. Sin embargo, la percepción de la realidad integral se desarrolla gradualmente en el hombre. En sus comienzos, el hombre común, en nuestro mundo, no logra percibir más allá de lo que ven sus ojos. Es así como percibe su realidad y es así también como la describe en el mundo. El pensamiento del hombre sobre su realidad en este mundo, es señal del comienzo del desarrollo.

En estados más avanzados, logra penetrar a través de la imagen de este mundo y descubre las fuerzas que se encuentran detrás de ella. En definitiva, después de ingresar en la realidad que se encuentra por encima de este mundo, logra percibir toda la realidad como un sistema único. Los cabalistas no acostumbran a describir todo el camino requerido para investigar y alcanzar la realidad espiritual. En este sentido, el descubrimiento espiritual se puede comparar al de un descubrimiento científico.

El descubrimiento espiritual, como el de un nuevo fármaco o cualquier otro descubrimiento científico, requiere décadas de investigación, muchísimo esfuerzo, búsqueda y empeño. Pero la gente no se interesa por esto, sino en el resultado final, lo que se puede percibir, el producto que se les presenta y está a su servicio. Con este ejemplo, podemos comprender por qué los cabalistas no acostumbran a relatar todo el camino, aunque parte del estudio lo describe también. Los cabalistas generalmente nos presentan la imagen final, una visión general, que incluye toda la realidad. Ellos alcanzan al Creador y el atributo de otorgamiento, y por lo tanto, deciden comenzar a describir su aventura, no a través de ellos mismos sino a través del Creador, es decir, de Arriba hacia abajo.

El cabalista no explica el descubrimiento del camino desde su comienzo hasta la obtención total de la realidad. Su explicación comienza justamente a partir de la fuerza que decidió crear la realidad y la manera en que realiza Su plan. Así también lo aprenderemos nosotros.

Todos los libros de Cabalá describen la realidad de manera sistemática, comenzando con el Creador, ya sea **Árbol de la vida** de Arí (Rabí Isaac Luria, 1534-1572), **Introducción a la sabiduría de la Cabalá** ó *Talmud Eser Sfirot* de **Baal HaSulam** (Rabí Yehuda Ashlag, 1884-1954) o cualquier otro libro de Cabalá. Si estudiamos nuestras raíces, el comienzo de la creación, el deseo y la intención del origen de la misma, podremos comprender todos los sucesos que acontecen en nuestra vida.

Está escrito: "El final de la acción se encuentra en el pensamiento inicial" (*oda "Lejá Dodí"*). La forma final existe desde el comienzo como la meta, y es la que determina lo que sucede en cada una de las fases. Por lo tanto, si logramos conocer el comienzo de la creación, podremos comprender mejor la realidad y evitaremos errores. Podremos observar cualquier situación desde la perspectiva del Plan de la Creación y verlas como lo haría el Creador. Así lograremos avanzar correctamente, y pasaremos cada vez de un estado de carencia a otro mejor y más completo.

Comenzaremos explicando entonces el Plan de la Creación.

Fase de *Shóresh* (raíz)

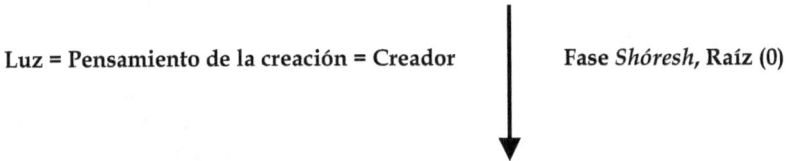

Luz = Pensamiento de la creación = Creador | Fase *Shóresh*, Raíz (0)

El Plan de la Creación es el pensamiento del Creador de crear al creado con el fin de beneficiarle. Este plan lo conocemos con el nombre de "Luz" o "Fase de Shóresh" (ver Diagrama N° 3), y es la raíz de toda la realidad.

Diagrama N° 3

Los cabalistas dicen que antes del Plan de la Creación había algo imperceptible llamado "Su Esencia". No podemos alcanzar esta esencia, está sellada para nosotros. No sabemos nada claro respecto a "Su Esencia", fuera de que existe.

Probablemente en el futuro, en estados más avanzados, el creado logre acercarse a "Su Esencia", conocerla y conseguirla. Pero, por ahora, los cabalistas describen al individuo el camino de la corrección sólo hasta su final, hasta equipararse con el Plan de la Creación, y no se ocupan en absoluto de lo que está por encima de esto.

Fase 1

La Luz, Plan de la Creación, es conocida también como "carencia o "deseo de recibir satisfacción y placer". Esta es la "Fase 1" (ver Diagrama N° 4). El motivo de crear el deseo de disfrutar es el deseo de la Luz de complacer a alguien. Dado a que desea complacer a alguien, debe crear a ese "alguien" que quiera recibir de ella el placer. Por lo tanto, si en la fase de *Shóresh* del Plan de la Creación, el creado existe solo en pensamiento y se considera aún perteneciente al Creador, en la Fase 1, la Luz ya es el comienzo del creado.

En la fase 1, el creado no está aún desarrollado. Su deseo proviene del Creador. No se siente deseoso de disfrutar de la Luz, de adherirse a ella. No siente que le falta algo. Por lo tanto, en la fase 1 se denomina a la carencia como "inanimada". En esta fase, la carencia no exige nada del creado, porque el origen de esta carencia no se encuentra en el propio creado, sino fuera de él. Aún es imposible atribuírselo. No se puede indicar el estado 1 como un creado que existe fuera del Creador, que todo lo que existe en la fase 1 proviene directamente del Creador. En la fase 1, el creado se encuentra en total dominio de la Luz.

Diagrama No. 4

Luz = Pensamiento de la creación = Creador   Fase *Shóresh*, Raíz (0)

Deseo, carencia = El creado = Inanimado   1ra. Fase

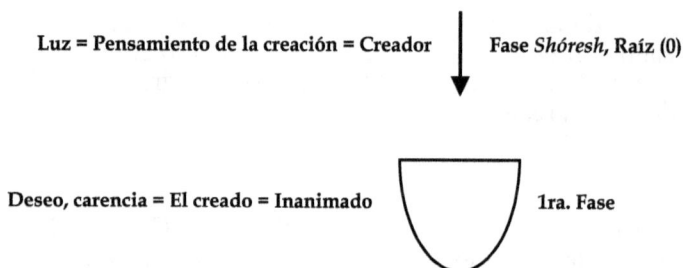

La Luz llena el deseo que existe en la fase 1 y despierta en él la sensación del Plan de la Creación que es beneficiar a Sus creados. Es decir, la Luz aporta al deseo dos elementos:

1. Llenado

2. La sensación del Dador.

La Luz provee al deseo de llenado, la sensación de la Luz, pero el creado casi no logra percibirlo, porque la Luz es buena. En la fase 1, el creado no siente deseos de la Luz antes de recibirla, y por lo tanto, el recibir la Luz no despierta en él una mejor sensación de la que tenía en su estado anterior, sino que, aparte de sentir esa mínima sensación positiva, la Luz que se expande dentro del creado, le proporciona también la sensación del Dador (ver Diagrama N° 5). El creado comienza a sentir la existencia del Creador. Este percibe que el Creador es el que otorga y el que le brinda lo bueno.

Diagrama No. 5

Otorgante = Dador   Luz = Bien

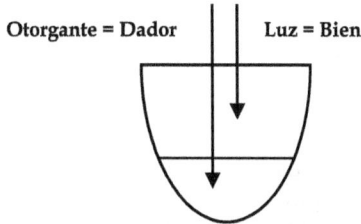

La Luz proviene del Creador de forma directa, aunque la sensación del Dador llega a la fase 1 en forma indirecta, como envestida dentro de la Luz (ver Diagrama N° 6).

Diagrama No. 6

Luz

Sensación del
otorgante

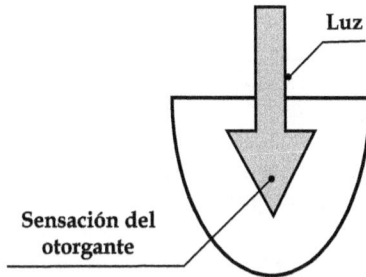

Esto es semejante a recibir un regalo: al principio, uno se entusiasma con el regalo en sí. Luego, en una inspección más detallada del mismo, descubre que el presente se ajusta totalmente a su deseo. Como resultado, deduce que quien se lo entregó, lo conoce, lo ama, lo comprende y desea su bien. A partir del regalo, comienza a alcanzar a quien le entregó el presente; es decir, no a quien se lo entrega, sino su actitud hacia él.

Resulta que la primera acción en la creación es alcanzar al Creador, y es la que conduce al ser humano a desarrollarse. Cada uno de los estados del desarrollo del creado, cada cambio, sin importar cuál, es un paso más hacia el logro de un mayor acercamiento al Creador. Es el juicio respecto a los estados de desarrollo en este mundo, a pesar de que en este mundo, uno es inconsciente de sus estados de desarrollo. La raíz de esto se remonta, como hemos dicho, ya desde la primera acción al principio de la Creación.

Resumen: La fase 1 es el mero deseo – deseo de disfrutar denominado "materia". Esta fase incluye dos partes: la primera, es la sensación del regalo, y la segunda, la sensación de quien lo entrega. En la primer parte, una situación determinada; en la segunda, el motivo por el cual se produjo esa situación. Es decir, en la segunda parte se define la existencia del estado de la raíz de la cual sale el estado 1. Como resultado, comienza el desarrollo.

Fase 2

Cuando la fase 1 identifica las dos partes que hay en su interior, comienza a distinguir cuál de ellas es la parte preferida - la segunda, claro está, que posee atributos más elevados. En la segunda parte, la fase 1 siente al que otorga, al primero en concebir, y como resultado, se despierta en ella el deseo de ser como él.

Por lo tanto, el primer deseo que se despierta dentro del creado es el de la equivalencia de forma - asemejarse al Creador. El deseo de asimilarse al Creador, otorgar, se denomina "fase 2" (ver Diagrama N° 7). Si al final de la fase 1, el Plan de la Creación era aún forzado, en la 2 se realiza en la práctica. El deseo de la fase 2 es asemejarse en la práctica a la fase de *Shóresh* (raíz), es decir, ser el otorgante.

Ahora aclararemos cómo puede la fase 2 ser "otorgante". La fase 2 se desarrolló a partir de la fase 1 – del primitivo deseo de disfrutar. Este deseo es todo el material de la creación. La sensación del Creador dentro del deseo de disfrutar y de asemejarse a Él, son suplementos de ese material, del deseo de gozar que creó el Creador. O sea, que todos los desarrollos y las adiciones al deseo, al material amorfo, el inicial, provienen del reconocimiento del Creador, y del deseo de desarrollarse y ser como Él.

Como resultado de conocer al Creador, la materia comienza a crecer y a expandirse. La fase 2, es opuesta a la fase 1 – la fase 1 en su principio desea recibir, y la fase 2 desea otorgar – pero la fase 2 no permite adiciones sobre la fase 1. La fase 2, es del mismo material que la fase 1 (deseo de recibir) que se ha vestido de la forma de otorgamiento. Dentro de la fase 2 se encuentra la fase 1, y dentro de ésta se halla la fase de *Shóresh*; las fases se van sumando una a la otra. Cuando la fase 2 desea otorgar y ser como el Creador, comienza a pensar: "¿Cómo puedo ser como el Creador? ¿Cómo puedo otorgar, y a quién?" Esta penetra en su estructura interna, evalúa quién es y de qué manera puede asemejarse al Creador. Como resultado, siente que incluye dentro de sí la fase 1 y también la de *Shóresh*. Pero la fase 2 es de hecho deseo de recibir, y este deseo puede recibir solamente.

Diagrama No. 7

Luz = Pensamiento de la creación = Creador	**Fase *Shóresh*, Raíz (0)**
Materia, deseo, carencia = El creado = Inanimado	**1ra. Fase**
Semejante a la raíz = El otorgante	**2da. Fase**

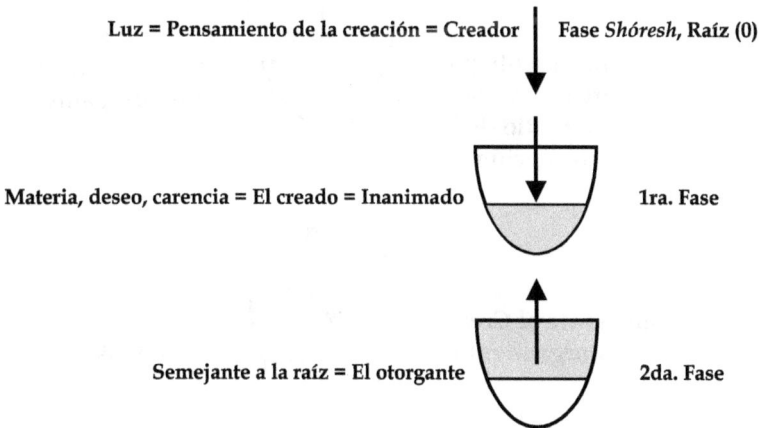

Es decir que aunque en la fase 2 se despierta un deseo de otorgar, no está capacitada a otorgar como el Creador. El propio Creador es el Dador, y el creado, no tiene para dar. Con estas evaluaciones, el creado comienza a comprender que puede utilizar el Plan de la Creación para otorgar al Creador. El Creador lo ama, ya que el Plan de la Creación es beneficiarle. Por eso, todo lo que el creado debe hacer es recibir, porque el Creador desea darle. Por lo tanto, dentro del deseo de otorgar, se despierta en la segunda parte de la fase 2 el pensamiento de otorgar al Creador recibiendo Su Luz. Justamente recibiendo la Luz del Creador, es como el creado va a otorgar al Creador.

Fase 3

En la fase 3, el creado va a realizar su plan de otorgar al Creador a través de la recepción. Del mismo modo que en la fase 1, recibe la Luz del Creador. Él sabe que el Creador creó el deseo y lo llenó de Luz para entregárselo. Pero ahora, él recibe la Luz porque desea asemejarse al Creador como en la fase 2 (ver Diagrama N° 8). La recepción de la Luz para otorgar al Creador se denomina "fase 3".

Diagrama No. 8

Pensamiento para otorgar al Creador por medio de la recepción

2da. Fase
Semajante a la raíz
= El otorgante

1ra. Fase   2da. Fase

Semejante al Creador
= otorgamiento

3ra. Fase

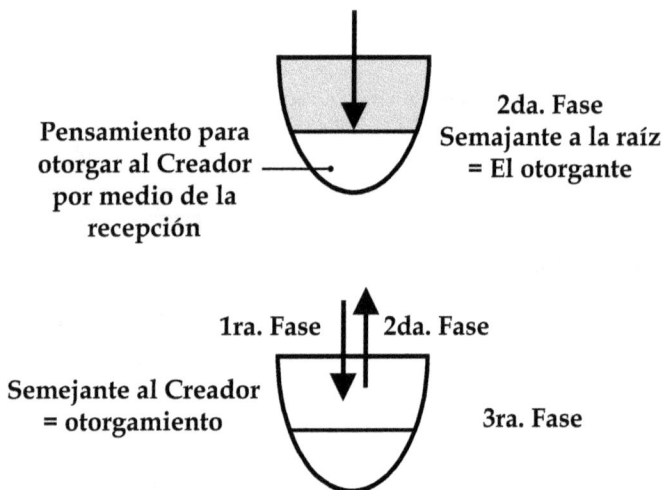

Como resultado de la recepción de la Luz para otorgar al Creador, el creado se siente a sí mismo semejante al Creador. En la recepción de la Luz del Creador, el creado, de hecho, otorga al Creador. El creado se siente que otorga como el Creador – siente el nivel del que otorga.

Después de la salida de la fase 3, y las fases 2, 1 y *Shóresh* que se incluyen en su interior, el creado vuelve a analizar su estado también en la fase 3. El creado es deseo. En la fase 1 su deseo es de recibir – este deseo es su naturaleza. En la fase 2, se le agrega el deseo de otorgar, y en la fase 3 él otorga. El deseo de recibir que existe en el creado proviene del Creador, y su deseo de otorgar, de la sensación del Creador. Resulta que todas las acciones del creado hasta el momento proceden directamente del Creador. El creado en sí, no era más que un activado. Con esto se aclara el motivo por el cual, en la sabiduría de la Cabalá, se conoce al Creador como "la fuerza que actúa en el activado".

Como resultado de todos estos cálculos, el creado comienza a pensar quién es él realmente. Ya que no es él quien recibió ni tampoco el que se asemeja al Dador. Él sintió solamente en su deseo asemejarse al Creador, pero es el Creador quien implantó en él ese deseo. Es así como el creado descubre que "yo" significa sentir como siente el Creador – es la sensación del creado cuando es independiente.

Fase 4

La sensación del "yo" – deseo del creado de disfrutar de la sensación del Creador – comienza a estabilizarse en la parte inferior de la fase 3 y se representa en la práctica en la última fase del desarrollo del deseo, en la fase 4. Esta fase desea en su integridad recibir todo lo que proviene del Creador. No anhela la Luz que procede del Creador en la fase 1, sino que desea disfrutar de ser como el Creador, el que otorga (ver Diagrama N° 9). Al final de la fase 3, esta fase descubre cuál es el significado de estar en el nivel del Creador, y es por eso que ahora, en la fase 4 propiamente dicha, su deseo es el de disfrutar del otorgamiento.

El deseo en la fase 4, es el primer deseo independiente del creado. En todos los períodos anteriores de desarrollo, ya sea directa o indirectamente, los deseos provenían necesariamente del Creador. Pero el deseo en la fase 4, procede del creado. Este comienza a formarse y revelarse al creado a finales de la fase 3, y se establece finalmente en la fase 4. Comparando con las demás fases, sólo la 4 se considera independiente, y por lo tanto, sólo ella merece ser llamada "creado".

Cuando la fase 4 está completa totalmente se denomina *"Ein Sof"* (Infinidad) o *"Olam Ein-Sof"*. En la sabiduría de la Cabalá, *"Olam"* (mundo) significa estado o sensación del deseo. Por lo tanto, la fase 4 que llena todos los deseos ilimitadamente, se denomina *"Olam Ein-Sof"*.

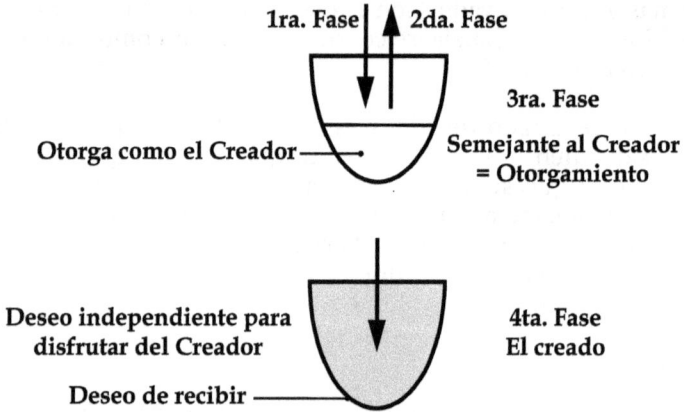

Diagrama No. 9

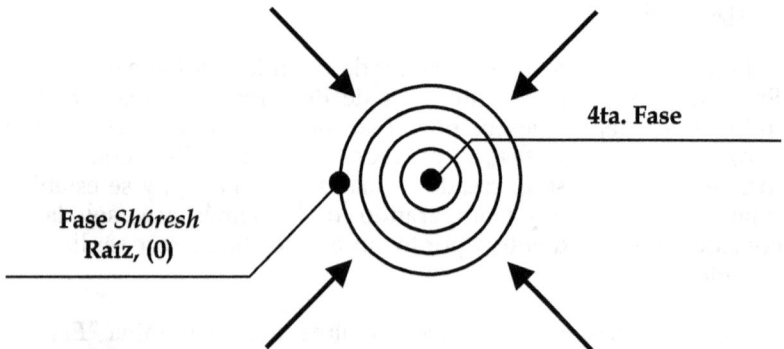

A veces, los cabalistas describen las fases del desarrollo del deseo a modo de círculos concéntricos, como bulbos de cebolla (ver Diagrama N° 10). El círculo más interno de todos es la fase 4, y el más externo señala a la fase de *Shóresh*, y el Creador se encuentra por fuera de todos los círculos.

Diagrama N° 10

La adición en la fase 4

Entonces, para que el creado alcance una carencia independiente y se sienta como si existiera en ese deseo, debe atravesar cuatro fases de desarrollo del Plan de la Creación. El creado en sí, es la última fase. La fase de Shóreshes el pensamiento del Creador en relación a los creados, y por eso, los cabalistas no la consideran como parte de la Creación propia y tampoco la toman en cuenta junto con las fases 1, 2, 3 y 4 que representan el desarrollo del creado. Además, desde una perspectiva inversa, podemos decir que la fase de Shóresh, 1, 2 y 3 son las fases en las cuales el Creador desarrolla el deseo de recibir con el fin de traerlo a su forma independiente denominada "creado". Es decir, a veces se enfatiza la fase deShóreshy otras la fase 4. La fase deShóreshes el Creador, la fase 4 es el creado, y las intermedias son las fases de desarrollo. Estas fases, desde el Creador hasta el creado, se atribuyen también al Creador – ya que el creado no fue en ellas activo en absoluto. Pero el creado, el cual anhela alcanzar al Creador, logra conseguir también las fases de desarrollo del Creador mismo, la forma en la cual el Creador dio a luz al creado y lo desarrolla (ver Diagrama Nº 11), y conociendo las acciones del Creador, él logra conseguirlo. Alcanzar al Creador mediante Sus acciones se denomina en la sabiduría de la Cabalá " Te conocemos mediante Tus acciones" (canción de la unidad). Es así como los cabalistas investigan la realidad y llegan a comprender al Creador.

Diagrama Nº 11

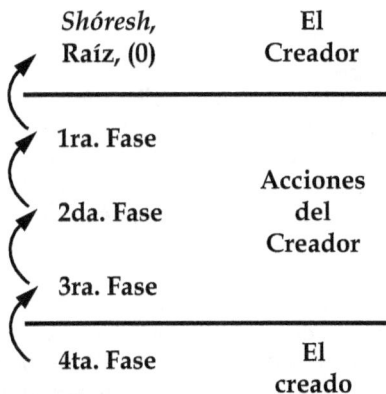

Shóresh, Raíz, (0)	El Creador
1ra. Fase	
2da. Fase	Acciones del Creador
3ra. Fase	
4ta. Fase	El creado

La fase 4 disfruta de dos llenados que existen en su interior: de la Luz proveniente del Plan de la Creación, y de la posición del Creador – su comprensión del significado de ser como el Creador. En el mundo *Ein Sof*, estas dos formas de llenado la llenan completamente. Estos llenan el deseo de recibir que hay en ella y el deseo de disfrutar por encontrarse en el nivel de otorgante. El deseo de la fase 4 es comparable a un niño que disfruta con lo que recibe de su madre, y de que es ella quien se lo da y se preocupa por él. Él no desea recibir vanamente, sino que sea ella precisamente quien lo llene y lo sirva. En la fase 4, el creado descubre el amor del Creador hacia él, y siente no sólo el llenado sino también el amor, y de ese amor desea disfrutar. Este placer es infinitamente más grande que el propio placer del llenado, el cual se siente en la fase 1 y es el más pequeño. Todos los placeres añadidos provienen de reconocer al otorgante, de la sensación de la importancia del Creador. Si el creado reconoce al Creador como lo más grande e importante, recibirá entonces un suplemento de placer. Por lo tanto, el deseo de recibir que se desarrolló en la fase 4, por encima del deseo de recibir que había en la fase 1, es un agregado que procede del reconocimiento del Creador – de reconocer la brecha que existe entre el nivel del creado en la fase 1 y el nivel del Creador en la fase de *Shóresh*.

Cuatro fases de la Luz directa

El desarrollo del deseo en sus cuatro fases se denomina "Cuatro fases de la Luz directa". Cada creado o cada parte del mismo, cada deseo o entidad en toda la creación, deben contener en su interior estas cuatro fases.

La Luz directa, también llamada "Plan de la Creación", desarrolla la existencia de la ausencia del deseo que se encuentra como si fuera un punto, como un material primitivo. Los cabalistas denominan al deseo que se encuentra en el Plan de la Creación con el nombre: "Existencia de la ausencia", por ser el punto de partida y no existir ningún estado anterior. Y ese punto se va desarrollando.

Cada pensamiento, cada deseo, cada carencia, cada movimiento o impulso percibidos por el hombre como "soy yo", son el resultado del desarrollo de cuatro fases que preceden al deseo. Estas cuatro fases no aparecen vanamente en el creado y despiertan en él cualquier deseo, sino que provienen de Arriba, del Creador. De hecho, todo pensamiento que surge en el hombre es el resultado del desarrollo de ciertos estados anteriores, del origen de la Luz, del Creador.

El Nombre *HaVaYaH*

Entonces, en el creado están incluidos aparte de la fase de *Shóresh*, los cuatro niveles de desarrollo denominados "1, 2, 3 y 4". Se acostumbra señalar los cuatro niveles y la fase de*Shóresh*con las letras hebreas *Yud, Hey, Vav, Hey* y la punta de la letra *Yud* (ver Diagrama N° 12). La punta de la letra Yud representa la fase de *Shóresh*, la letra *Yud* nos indica la fase 1, la siguiente letra *Hey* indica la fase 2, la letra *Vav* indica la fase 3, y la última *Hey* indica la fase 4.

La letra *Yud*, describe el placer que llena el *Kli* (vasija), y es sentido en el primer deseo de la fase 1. La Letra *Hey* (o *Key*), representa el atributo de otorgamiento. La *Vav*, indica la acción de otorgamiento por parte de la fase 2 en la fase 3. La última letra *Hey* de la fase 4, se asemeja en su forma a la *Hey* en la fase 2, al atributo de *Biná*, ya que a lo largo del proceso, equipara su forma a la del estado 2. Y es así como logra la equivalencia de forma con el Dador, con la fase de *Shóresh*.

Diagrama No. 12

HaVaYaH	Fases
Punta de la *Yud*	*Shóresh*, Raíz, (0)
Yud ׳	Primera
Key ה	Segunda
Vav ו	Tercera
Key ה	Cuarta

Rav Michael Laitman

Sfirot

Cada una de las fases posee un nombre. Estos se denominan *"Sfirot"* (plural) – *"Sapir"* (heb, singular: alumbra), ya que hay luz dentro de su deseo, que ilumina por la Luz que lo llena. Las *Sfirot* se llaman *"Kéter"*, *"Jojmá"*, *"Biná"*, *"Zeir Anpin"* y *"Maljut"* (ver Diagrama N° 13).

Kéter significa corona, proviene de la palabra hebrea *"Koteret"* (Título).*Kéter* es el principio de todo – el Plan de la Creación que corona, que obra y controla toda la realidad, desde el principio hasta el final.

Diagrama N° **13**

Sfirot	HaVaYaH	Fases
Kéter	Punta de la Yud	Shóresh, Raíz, (0)
Jojmá	Yud ׳	Primera
Biná	Key ח	Segunda
Zeir Anpin	Vav ו	Tercera
Maljut	Key ה	Cuarta

Jojmá se llama así, porque en el estado 1 vemos toda la Luz y el *Kli* que le asignó el Creador a sus creados. La fase 1 contiene en su interior todo el *Kli* y la Luz que provienen de la fase de *Shóresh*, en sus formas primarias. Todas las demás fases, no son más que el desarrollo de la fase 1. Si bien en las fases 2, 3 y 4, el creado adquiere entendimientos, atributos y nuevos estados, pero de hecho, todos ellos existen en potencial ya en la fase 1, y por eso esta es llamada *Jojmá*: del hebreo, "cierta fuerza".

"Biná" proviene del verbo hebreo *"Habaná"* (comprensión). En el estado 2, el creado comienza a comprender en cierta medida quién es quien hizo todo esto, cuál es su naturaleza y

cuál es su deseo. El Plan de la Creación se revela por primera vez en *Biná*. Como resultado de reconocer y comprender al Creador, se despierta en *Biná* el deseo de otorgar. También el hombre, si desea alcanzar el atributo de otorgamiento, debe comprender primeramente qué es: cuán grande es en relación a su deseo, equivalente al deseo de recibir que existe en Jojmá.

"Zeir Anpin" (ZA) significa "cara pequeña". "Cara" es decir: iluminación de *Jojmá*, lo que el Creador expone ante sus creados, Su beneficio. *Zeir Anpin* se llama "cara pequeña" porque el esmero del hombre de asemejarse al Creador es como el de un niño que desea ser como su padre e imita sus acciones. *Maljut* (reinado) se llama así porque reina sobre sus deseos. El deseo de *Maljut* es el primer deseo independiente. Ella misma, en definitiva, es la que llena su deseo, y se siente en él como la receptora y disfruta del regalo y de quien se lo entregó.

Seis *Sfirot* en *Zeir Anpin*

Los cabalistas hablan generalmente sobre diez *Sfirot* y no cinco. Esto se debe, a que la *Sfirá Zeir Anpin* incluye seis *Sfirot* denominadas *"Jésed"*, *"Gvurá"*, *"Tiféret"*, *"Nétzaj"*, *"Hod"* y *"Yesod"*. Cuando los cabalistas destacan la existencia de diez *Sfirot*, ya se toman en cuenta las seis de ellas que están dentro de *Zeir Anpin*, y es como si el propio *Zeir Anpin* no fuera incluido en la *Sfirá* (ver Diagrama N° 14). Y uno se pregunta, ¿Si *Zeir Anpin* significa "Cara Pequeña", el esmero del creado de ser como el Creador, ¿por qué es él justamente el que incluye otras seis *Sfirot*?

En cierta medida, *Zeir Anpin* es similar a *Kéter* . Este influye sobre todas las fases inferiores, y *Zeir Anpin*, en su acción, desea otorgar como *Kéter* . Pero *Zeir Anpin* desea otorgar de abajo hacia Arriba, hacia el Creador, y para ello debe construir en su interior un sistema como el del Creador (KaJaB - *Kéter* , *Jojmá*, *Biná*). Este sistema son las tres *Sfirot* de *Jésed*, *Gvurá* y *Tiféret* que se encuentran en *Zeir Anpin*: *Jésed* de *Zeir Anpin* es similar a *Kéter* , *Geburá* a *Jojmá*, y *Tiféret* a *Biná*.

La *Sfirá Netzaj* en *Zeir Anpin* es la acción de *Biná* –*Zeir Anpin* de *Zeir Anpin*. La *Sfirá Hod* es la *Maljut* de *Zeir Anpin* – el deseo

Rav Michael Laitman

de *Zeir Anpin* de realizar él mismo la acción de otorgamiento. Y la *Sfirá* de *Yesod* es la suma de las cinco acciones de *Zeir Anpin* (JaGaT NeH- *Jésed, Gvurá, Tiféret, Nétzaj y Hod*). Cinco acciones de *Zeir Anpin* hacia el Creador equivalentes a las cinco fases que incluyen *(Kéter, Jojmá, Biná, Zeir Anpin, Maljut)*.

Con esto nos queda claro el motivo por el cual *Zeir Anpin* incluye en su interior cinco partes, a pesar de ser pequeño. Es así como realiza su acción de otorgamiento hacia el Creador.

Diagrama No. 14

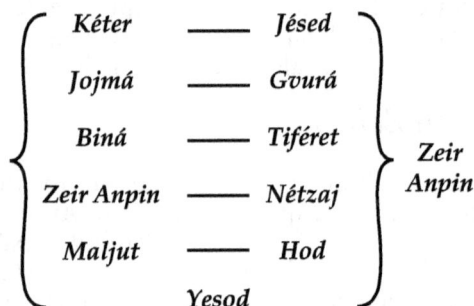

Kéter	——	*Jésed*
Jojmá	——	*Gvurá*
Biná	——	*Tiféret*
Zeir Anpin	——	*Nétzaj*
Maljut	——	*Hod*
	Yesod	

Zeir Anpin

NaRaNJaY

Los deseos en las cinco fases se impresionan de las Luces que los llenan. *Kéter* es la propia Luz. Nosotros no estamos capacitados para entender qué es la Luz que hay en *Kéter*, fuera de que es atraída por el Creador. En *Jojmá* ilumina una Luz llamada *"Jojmá"*, y en *Biná* ilumina una Luz llamada *"Biná"*. En *Zeir Anpin*, ilumina un poco de la Luz de *Jojmá* y un poco de la Luz de *Biná*, ya que *Zeir Anpin* es el resultado de las fases A y B. *Maljut* recibe toda la Luz para su propio placer, y la Luz que hay en ella es la de *Jojmá*. En *Maljut*, también *Biná* se transforma en *Jojmá*, ella realmente desea disfrutar.

De acuerdo a su intensidad, se acostumbra a llamar las Luces con cinco nombres: *"Néfesh", "Rúaj", "Neshamá", "Jaiá", Y "Yejidá" (NaRaNJaY)* (ver Diagrama N° 15).

El nombre *"Néfesh"* deriva de la palabra *"Nefishá"* (reposo), esta nos sugiere, que el creado aún no siente nada. La palabra *"Rúaj"* (viento) indica ya algún tipo de cambio, pero este cambio, no se le atribuye al creado. Al igual al viento que pasa y desaparece, es imposible ejercer sobre él, sino sólo sentir el movimiento.

El nombre *"Neshamá"* (alma) indica algo que existe dentro del hombre y nace en él desde el Superior. El primer contacto del creado con el Creador, según el equilibrio del atributo interno, se efectúa en *Biná*, y por lo tanto, la Luz que la alumbra se denomina *"Neshamá"*.

La Luz de *"Jaiá"* se llama así, porque ilumina cuando la criatura comienza a actuar por sí misma, cuando hace un movimiento independiente. La Luz *"Yejidá"* alumbra cuando la criatura alcanza la identidad del Creador y desea disfrutar de Su estatus o unirse a Él.

Los cinco nombres de las Luces indican una gama muy amplia de estados y no un solo estado en un solo mundo. Los cabalistas los utilizan para describir estados a lo largo de toda la sabiduría de la Cabalá. Los cinco nombres de *NaRaNJaY*, nos permiten evaluar en nosotros todos los estados existentes en el desarrollo de las fases de *Shóresh*, 1, 2, 3 y 4.

Diagrama N° 15

Sfirot	Luces
Kéter	Néfesh
Jojmá	Rúaj
Biná	Neshamá
Zeir Anpin	Jayá
Maljut	Yejidá

Rav Michael Laitman

Luz de *Jojmá* y *Luz de Jasadim*

Como explicamos anteriormente, las Letras *Yud* (ʹ) - (*Hey* (ה) – *Vav* (ו) – *Hey* (ה) y la punta de la letra *Yud*, indican la diferencia entre los cinco estados. Los cuatro estados y sus raíces se diferencian entre sí en su forma. Pero si el deseo es diferente, significa que el contenido también lo es, ya que éste depende del deseo. La "Luz directa" que construye las cinco fases: *Shóresh*, 1, 2, 3 y 4 es atraída del Creador. Las fases se desarrollan, y de acuerdo a sus deseos, sentirá cada una un llenado diferente al de esa "Luz directa". La Luz que se extiende del Creador se denomina "Luz simple, circundante o directa". Ella construye las cinco fases, y en cada una de ellas ilumina su propia luz.

"Luz de *Jojmá*" ilumina en la fase 1, "Luz de *Jasadím*" en la fase 2, las Luces de *Jojmá* y de *Jasadím* iluminan en la fase 3, y Luz de *Jojmá* grande ilumina en la fase 4.

El propio *Kli* es el deseo de recibir y sus atributos principales son dos: recibir u otorgar. En contraposición a estos dos, pueden propagarse en el *Kli* dos clases diferentes de placeres: el de recepción, llamado "Luz de *Jojmá*", y el de otorgamiento denominado "Luz de *Jasadim*" (ver Diagrama N° 16). Solemos dibujar el placer por el otorgamiento como una flecha saliendo del *Kli* en dirección hacia arriba. El dibujo de la flecha hacia abajo, representa la dirección de la acción de otorgamiento y no el placer en sí.

Diagrama No. 16

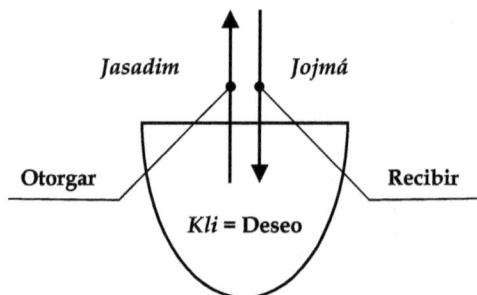

Jasadim   Jojmá

Otorgar   Recibir

Kli = Deseo

Resumiendo: Si el *Kli* recibe y siente placer con la recepción, el placer sentido en él se denomina "Luz de *Jojmá*"; y si el *Kli* desea ser como el Dador, el placer que hay en él como resultado de equiparar los deseos se denomina "Luz de *Jasadim*". En cada una de las fases 2, 3 y 4 existe la sensación del Dador, sensación de otorgamiento por parte del Dador, sensación de recepción del que recibe y sensación de la acción (recepción o entrega) por parte del receptor.

Pero el *Klí* en sí no puede dar. Puede recibir como en la fase 1 o no recibir y desear dar, como en la fase 2. Aunque la fase 2 desea dar, no da, ya que no está capacitada para hacerlo. Para dar, debe recibir como en la fase 1 y debe hacerlo con intención de otorgar placer al Dador, como en la fase 2. Con esto podemos comprender el motivo por el cual en la fase 3 iluminan en conjunto tanto la Luz de *Jojmá* como la de *Biná*.

Resulta que la acción de entrega por parte del creado, de hecho es recepción, pero acompañada de intención. La acción de recepción con intención de otorgar se denomina "otorgamiento" (ver Diagrama N° 17). Solo así el creado puede otorgar, porque fue creado de un principio como deseo de disfrutar, recibir y llenarse a sí mismo únicamente.

Diagrama No. 17

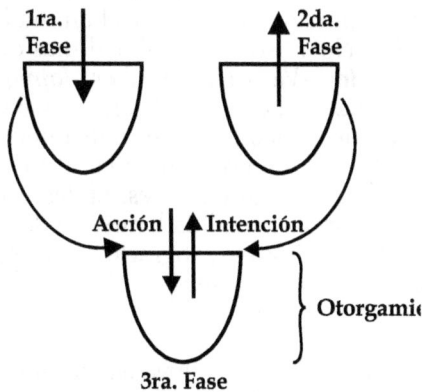

Por lo tanto, cuando la fase 4 recibe todo, de acuerdo al deseo de otorgar que siente en las fases anteriores y de acuerdo al deseo de recibir que siente en su propia fase, es denominado *"Maljut"*. La *Maljut* domina. Ella desea que todos los estados se revelen ante ella, para poder disfrutar de ellos ilimitadamente. No tiene límites en la recepción de la abundancia, y por lo tanto es llamada *"Maljut de Ein Sof"* (Infinito).

Estructura de la realidad

La realidad completa es el resultado de cuatro fases de la Luz directa y sus raíces, que son: la punta de *Yud*, *Yud* misma –*Hey* –*Vav* –*Hey*, o diez *Sfirot* - *Kéter* , *Jojmá*, *Biná*, *ZA* y *Maljut*, y las Luces, *Néfesh*, *Rúaj*, *Neshamá*, *Jaiá* y *Yejidá* que iluminan en su interior.

Más adelante, cuando entremos en cada fase y en cada *Sfirá*, podremos comprender también sobre todos los seres y criaturas que existen en los cinco mundos, *"Adam Kadmón"*, *"Atzilut"*, *"Briá"*, *"Yetzirá"* y *"Asiyá"*. Estos cinco mundos salen de *Maljut* de *Ein Sof*, y de *Maljut* de *Ein Sof* y los mundos nacen las almas de todos los creados. También los creados se dividen en cinco niveles –*Shóresh*(raíz), inanimado, vegetal, animado y *Adam* (hombre). Pero el hombre es el único de todas las criaturas que debe corregirse según la equivalencia de forma. El estado en el cual la *Maljut* es corregida por el hombre atravesando todos los mundos y los creados, se denomina *"Gmar Tikun"* (fin de la corrección). El hombre corrige también sus estados anteriores, el inanimado, el vegetal y el animado, y en su raíz llega hasta el Creador. No existe otra realidad más que las cuatro fases y sus raíces, *Yud* –*Hey* –*Vav* –*Hey*, o *Kéter* , *Jojmá*, *Biná*, *Zeir Anpin* y *Maljut*. Todo el material de aprendizaje dentro de la sabiduría de la Cabalá, todo lo que se nos revele, está incluido en estas cinco fases (ver Diagrama N° 18), en especial en la última de ellos, en *Maljut*, la cual incluye todas las últimas fases. El deseo de la *Maljut,* somos nosotros. Si estudiamos la realidad, nuestro deber de llegar al fin de la corrección y los medios para lograrlo, concretaremos el Plan de la Creación y alcanzaremos la integridad y eternidad equiparando la forma con el Creador.

La sabiduría de la Cabalá incluye en su interior toda la realidad, la Superior y la inferior, todas las criaturas, la manera en que el Creador se manifiesta ante Sus creados, la manera en que los creados comparan sus actitudes con la del Creador, y la actitud del Creador hacia ellos.

Diagrama No. 18

Fin de la corrección

Creador	Creados	Mundos	Sfirot	HaVaYaH
	Raíz	Adam Kadmón	Kéter	י
	Inanimado	Atzilut	Jojmá	י
	Vegetativo	Briá	Biná	ה
	Animado	Yetzirá	Zeir Anpin	ו
Equivalencia de forma ←	Hablante	Asiyá	Ⓜ	ה

SEGUNDA PARTE

Registro de la investigación cabalística

Al igual que las demás ciencias, la investigación cabalística de los estados del creado requiere de una definición de gran dimensión, de manera que con la ayuda de diagramas y análisis podamos medir el objeto a investigar. Las definiciones exactas posibilitan a los investigadores el poder documentar dichos estados, a fin de pasarlos a los demás adecuadamente. Deben verificar que aquel que haga uso de sus descubrimientos, pueda apoyar sus estudios describiendo con exactitud los estados de acuerdo a lo que le fue entregado. Por tal razón, ahora conoceremos algunos lineamientos sobre los estados del creado según los cuales se conduce la sabiduría de la Cabalá. Sin el entendimiento y conocimiento del formato adecuado de su registro no será posible continuar con la descripción del desarrollo del creado.

Cada estado incluye dentro de sí al creado, el cual es denominado como *"Kli"* (Vasija) o *"Ratzón"* (Deseo), en tanto que al llenado que es recibido en el deseo se le describe como placer. El llenado se denomina "*Or*" (Luz) siendo posible denominarlo también con el nombre de "*Boré*" (Creador). Cada estado en la realidad está constituido de dos discernimientos: 1) El deseo; y, 2) el placer. Siendo los deseos creados para ser distintos; vimos esto en las cuatro etapas que salieron de *Shóresh* (fase de Raíz). Conforme a esto, en cada discernimiento existe un llenado singular de la Luz.

De acuerdo a lo mencionado anteriormente, es posible graficar las cuatro fases también como círculos; cada círculo indica una fase distinta. La forma del círculo indica que no hay discernimiento de abajo y arriba o de grande y pequeño. Es decir, los círculos no muestran las diferencias de las medidas de las respectivas fases, sino el orden de la salida de estas una después de la otra. Así, por ejemplo, fase 1 antecede a fase 2, solamente que no tiene la misma altura (ver Diagrama No. 1).

Todos los círculos tienen un centro común y por eso esta representación describe la relación de causa y efecto. Si nuestro deseo fuese describir lo contrario en las medidas del nivel, dibujaríamos las fases una debajo de la otra, desde *Shóresh* hasta la fase 4, o de derecha a izquierda, una junto a la otra.

Diagrama No. 1

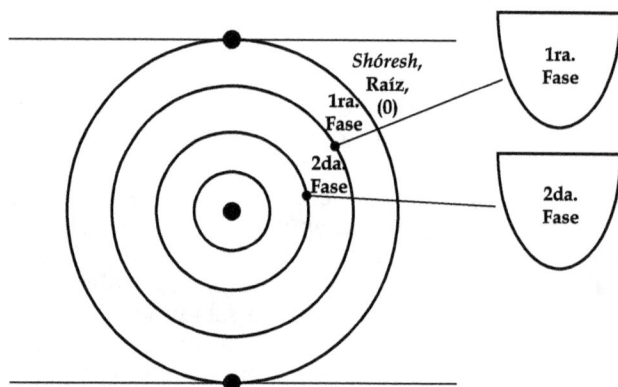

El *Reshimó*

Ahora explicaremos las formas de registro de los dos fundamentos que existen en cada estado: El *Kli* y la Luz. El llenado del *Kli* está condicionado al deseo. El deseo que fue creado desde la fase de *Shóresh* se creó como deseo de disfrutar sintiendo tanto la Luz como el placer. No obstante, aún no se trata de un deseo independiente, puesto que el deseo en la fase 1 no antecede a la Luz, sino que nace por medio de la Luz misma. De todas maneras, la Luz es sentida por él como un placer de recepción. La Luz que llena el deseo en la fase 1 se denomina "Luz de *Jojmá*", en tanto que el deseo de la fase 1 es llamado "deseo de recibir". Estos dos fundamentos, la Luz que es la fase 1 y el *Kli* que es la fase 2, son llamados en el lenguaje de la Cabalá como "*Reshimó*" (reminiscencias) – (ver Diagrama No. 2). El significado de la palabra "*Reshimó*" se deriva de la palabra "*Roshem*" (impresión, huella) la cual nos provee de conocimiento acerca del estado del creado.

Diagrama No. 2

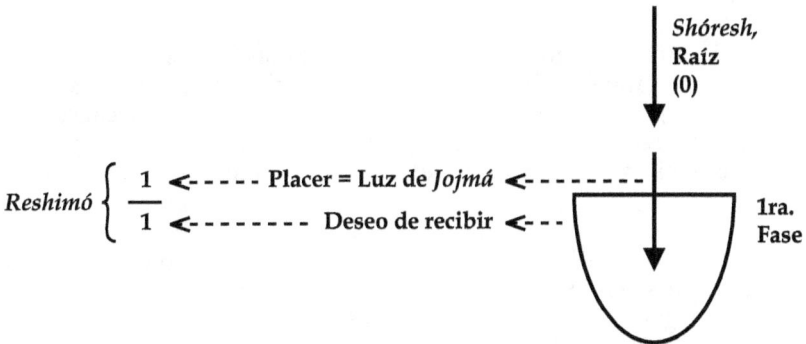

El signo del *Reshimó* del *Kli* y de la Luz en la fase 1 es 1/1. De acuerdo a esto, el signo del *Reshimó* en la fase 2 es 2/2; en tanto que el signo del *Reshimó* en la fase 3 es 3/3, y en la fase 4 es 4/4. Con la ayuda del *Reshimó* es posible describir cada uno de los muchos estados del creado, a pesar de que en la realidad no existe más que *Kli* y Luz los cuales lo llenan en relación a su deseo.

¿Por qué depende el llenado del deseo? Esto se debe a que existe una ley cuyo origen se encuentra en el Creador, que dice: "No hay coerción en la espiritualidad". Por tal razón, si el Creador desea hacer el bien a Sus criaturas, forma en ellas un gran deseo, el cual es adaptado exactamente al beneficio que desea otorgarle. Dado a que este beneficio existe desde un principio, el interés del Creador es el deseo que se encuentra en el creado. Cuanto más se intensifica el deseo del creado más sentirá el placer mismo y a quién da el placer.

Las cuatro fases en la fase 4

Volvemos al tema de los estados del creado según los hemos descrito hasta aquí en las clases anteriores. Desde la fase de *Shóresh*, el creado llega a la fase 1, de la fase 1 hasta la fase 2, de 2 a 3 y de 3 a 4. Cada uno de los estados incluye en su interior los estados anteriores. Cada una de las fases sale sintiendo las fases precedentes a ella: la fase 1 siente la fase de *Shóresh* que quiere otorgarle; en tanto que la fase 2 siente la fase de *Shóresh* y la fase 1; y la fase 3 siente el Plan de la Creación que se extiende desde la fase de *Shóresh*, a través de la fase 1 y la fase 2 hasta que llega a ella.

De la misma manera, la fase 4 siente todas las fases anteriores. Esta siente que está incluyéndolas. A fin de llegar a su deseo, la fase 4 debe sentir los deseos anteriores a ella y sus maneras de actuar en relación a la Luz Superior (ver Diagrama No. 3). Se puede decir que en la fase 4 existen cinco partes desde *Shóresh* hasta 4.

Finalmente, la fase 4 siente que quiere recibir y que recibe del estado que se encuentra en la etapa 3; en tanto que ésta fase recibe para otorgar al Creador. Ella hace esto con la ayuda del deseo de recibir que está incluido en ella desde la fase 1 y con la ayuda del deseo de otorgar que se encuentra presente en ella desde la fase 2. En cambio, la etapa 4 quiere disfrutar del estado que ha sido formado en la etapa 3, volviendo sobre todos los estados que se encuentran presentes en la etapa 3 añadiendo sobre ella un nuevo deseo. Este nuevo deseo es la fase 4, o más precisamente, la cuarta fase que se encuentra en su cuarto aspecto. Todo lo que resta de esta fase está incluida de las fases anteriores.

Diagrama No. 3

**Shóresh,
Raíz, (0)**

1ra.
Fase

2da.
Fase

1ra. Fase   2da. Fase

3ra.
Fase

0
1
2
3
4

4ta.
Fase

Nuevo deseo

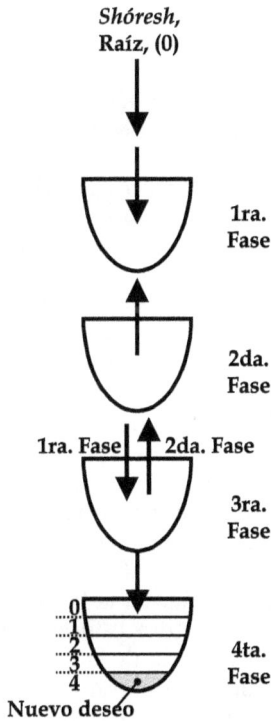

El Tzimtzum (Restricción)

La etapa 4 siente tanto el placer del Creador así como las acciones del que otorga, y desea disfrutar de ambos. Luego sucede un desarrollo adicional: como resultado de la sensación de su deseo de disfrutar, la etapa 4 se siente a sí misma como opuesta al que otorga en relación a su deseo de disfrutar. A través de todos los discernimientos que existen en ella, esta alcanza la cualidad de otorgamiento (fase de *Shóresh*) sintiendo que es contraria a dicha cualidad.

Rav Michael Laitman

La sensación de oposición en la fase 4 se asemeja al estado del creado al final de la fase 1. También entonces el creado recibió placer y sintió dentro del placer la oposición entre su estado y la fase de *Shóresh*. La fase de *Shóresh* es más elevada en relación a la fase 1, por eso ésta sintió que su estado es menor en relación a *Shóresh*. Como resultado de esto se despertó en ella la aspiración de reemplazar su deseo a fin de asemejarlo a *Shóresh*. De esta forma se produce en ella el deseo de otorgar, el cual es llamado "fase 2".

Solo que la reacción en la fase 2 proviene del deseo que llega desde Arriba – en el proceso de la creación de la fase 1 se creó primero el deseo y solo después llegó el llenado. Por eso, dado a que tanto el deseo como el llenado que se encuentran en la fase 1 no son de esta fase, ella es capaz de sustituir su deseo fácilmente luego de sentir que le favorece asemejarse a *Shóresh*. Sin embargo, la fase 4 siente su deseo como propio, como un deseo que nace en su interior, "desde abajo". Como resultado de la semejanza entre el Creador y la fase 3, la fase 4 decide recibir todo el estado del Creador como placer. En la fase 4 nace por primera vez un deseo independiente. Ella siente que este es su deseo y que es opuesto al Creador. Por tal razón no tiene la posibilidad de sustituirla tal como hizo con la fase 2. La sensación de contraste entre el estado de la fase 4 y el estado del Creador se denomina "Vergüenza".

El deseo en la fase 4 le pertenece a la fase 4, siendo éste su propio deseo. Precisamente con respecto a este es que siente la oposición entre ella y el Creador. A diferencia de la fase 2 que quiso asemejarse al Creador y lo llevó a cabo sin ningún esfuerzo, la fase 4 no tiene la posibilidad de preferir un deseo distinto al suyo propio; en tanto que la fase 2 siente el deseo del Creador y se adhiere a Él, ya que lo adquirió por encima del deseo de recibir de la fase 1. Sin embargo, la fase 4 no puede realizar dicha acción, la fase 4 no quiere permanecer en su nuevo deseo, en el deseo de recibir del creado- más bien prefiere prescindir de él, pero no tiene la posibilidad de hacerlo, puesto que este deseo nace en su interior. El deseo de la fase 4 "de recibir", nace de sí misma, como resultado de las acciones que la precedieron, por eso en este punto, se requiere una acción especial. Todo lo que la fase 4 puede hacer por ahora es no estar de acuerdo con su deseo, no querer permanecer en su propio deseo. Tal actitud de parte de la fase 4 respecto a su propio deseo es denominada *"Tzimtzum"* (restricción). Debido a que esta es la primera vez que en ella se siente tal *Tzimtzum*, este se denomina *"Tzimtzum Álef"* (primera restricción).

48

El deseo que nace en el creado es un deseo natural; es decir, un deseo que ha sido recibido en su interior y es percibido como propio, como natural, y por eso no puede deshacerse de él. El creado solamente puede no desear el deseo forzado condicionado por la naturaleza, pero no existe la posibilidad de sustituirlo por otro. Luego de la salida de la fase 4 no puede llegar otro deseo a cambio, pero es posible una actitud distinta hacia el deseo en ella, y con el *Tzimtzum Álef* (primera restricción) se revela esta actitud.

El deseo de recibir siempre existe ocasionando que el creado se sienta a sí mismo como quien quiere disfrutar del placer que llega del Creador, y de la presencia del Creador que es sentida por él. La naturaleza del creado es el deseo de recibir y dicha naturaleza antecede a todo. El deseo de recibir es un dato constante. El creado quiere disfrutar de aquello que ha sido revelado en la fase 3, tanto de la entrega como del dador y solamente en relación al deseo de recibir es que el creado puede decidir una actitud tal o distinta a su naturaleza: estar o no de acuerdo con él, determinar la manera en que lo va a usar.

Luego de que el creado decide no utilizar su deseo, expulsa la Luz fuera de las cuatro fases, de lo cual quedan como remanentes vacíos de Luz. En su estado colmado de Luz, las cuatro fases son llamadas "*Olam Ein-Sof*" (Mundo Infinito). En tanto que, ahora, en su estado vacío, son llamadas "*Olam HaTzimtzum*" (Mundo de la Restricción).

Resumen: Volveremos a explicar brevemente la cadena de desarrollo por medio de causa y efecto desde el principio. El Plan de la Creación es hacer el bien a Sus creados, lo cual es la fase de *Shóresh* (raíz), de la cual salen la primera, segunda, tercer y cuarta fase; la fase 4 es la que se llena con la Luz y es llamada "*Olam Ein-Sof*"(Infinito). Luego de la salida del *Olam Ein Sof* la fase 4 se restringe a sí misma en el *Tzimtzum Álef* (Primera Restricción). En tanto que la fase 4 restringida se denomina "*Olam HaTzimtzum*" (Ver Diagrama No. 4). El *Reshimó* de la fase 4 en el mundo de *Ein-Sof* se determina por el factor 4/4. El primer 4 indica el estado de la Luz, llamado "*Reshimó de Hitlabshut*" (*Reshimó* de Vestidura), y el segundo 4 indica el estado del *Kli* llamado "*Reshimó de Aviut*" (*Reshimó* de Espesor). El *Kli* es medido de acuerdo a su *Aviut*, el cual representa el tamaño del deseo de recibir que está en él, en tanto que la Luz es medida de acuerdo a su propia intensidad. La intensidad de la Luz depende de la *Aviut* (espesor) del *Kli*.

Resumen: Volveremos a explicar brevemente la cadena de desarrollo por medio de causa y efecto desde el principio. El Plan de la Creación es hacer el bien a Sus creados, lo cual es la fase de *Shóresh* (raíz), de la cual salen la primera, segunda, tercer y cuarta fase; la fase 4 es la que se llena con la Luz y es llamada "*Olam Ein-Sof*"(Infinito). Luego de la salida del *Olam Ein Sof* la fase 4 se restringe a sí misma en el *Tzimtzum Álef* (Primera Restricción). En tanto que la fase 4 restringida se denomina "*Olam HaTzimtzum*" (Ver Diagrama No. 4). El *Reshimó* de la fase 4 en el mundo de *Ein-Sof* se determina por el factor 4/4. El primer 4 indica el estado de la Luz, llamado "*Reshimó de Hitlabshut*" (*Reshimó* de Vestidura), y el segundo 4 indica el estado del *Kli* llamado "*Reshimó de Aviut*" (*Reshimó* de Espesor). El *Kli* es medido de acuerdo a su *Aviut*, el cual representa el tamaño del deseo de recibir que está en él, en tanto que la Luz es medida de acuerdo a su propia intensidad. La intensidad de la Luz depende de la *Aviut* (espesor) del *Kli*.

En el mundo de la Restricción, los *Reshimot* (reminiscencias) también se representan como 4/4, excepto que estos son *Reshimot* de la Luz y del *Kli* en su estado restringido. En el mundo de restricción no hay Luz, pero está el *Reshimó* de la Luz que llenó el *Kli* antes del *Tzimtzum*. Luego del *Tzimtzum*, el *Kli* es el deseo de no utilizar el deseo. En el mundo de la restricción, el *Kli* es la reacción al estado de la fase 4 que está llena en *Ein-Sof*.

El Anfitrión y el Invitado – Recibir con el fin de otorgar

Debido a que el deseo de la fase 4 es para disfrutar del placer y del Dador del placer, despierta en ella un deseo de no utilizar su deseo. La fase 4 se reduce luego de lo cual el *Tzimtzum* continúa su desarrollo con el fin de asemejarse al Otorgante. Entonces luego que la fase 4 no tiene posibilidad de modificar su deseo natural, lo único que puede hacer es adherir una intención al deseo. Ella lo hace tal como la fase 3. La fase 4 entiende que el Creador ama al creado, ya que todo se extiende de Él, desde la fase de *Shóresh* (Raíz), ella revela que puede utilizar el amor del Creador con la ayuda de su deseo de recibir, entonces decide que si la Luz va a llegar a ella desde el Creador, ella no la recibiría por causa del deseo de recibir "que está encendido" en ella; puesto que si lo hiciera, sentiría la sensación de vergüenza, por lo tanto se restringe y luego del *Tzimtzum* decide nuevamente poner en funcionamiento su deseo a fin de recibir el placer, y esto lo hace solamente debido a que el Creador quiere otorgarle, pues solo del resultado de esta acción es que el Creador disfrutará. Resulta, que al final de cuentas, la fase 4 recibe pero al hacerlo, realiza un acto de otorgamiento.

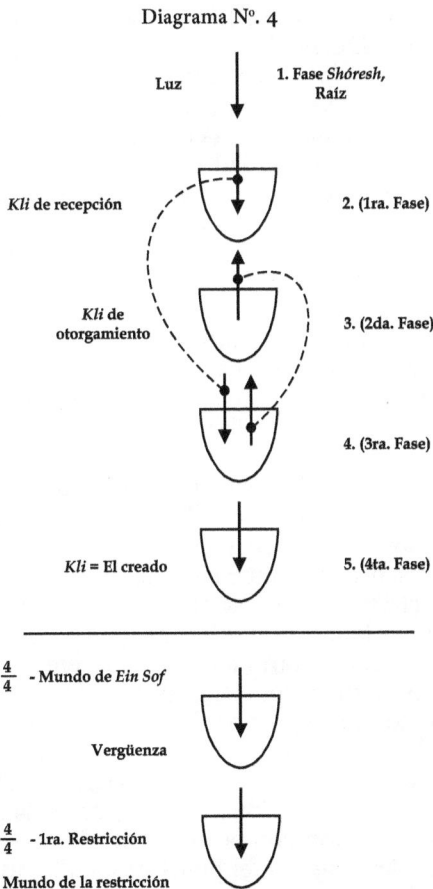

Diagrama N°. 4

Luz   1. Fase *Shóresh*, Raíz

Kli de recepción   2. (1ra. Fase)

Kli de otorgamiento   3. (2da. Fase)

4. (3ra. Fase)

Kli = El creado   5. (4ta. Fase)

$\frac{4}{4}$ - Mundo de *Ein Sof*

Vergüenza

$\frac{4}{4}$ - 1ra. Restricción

Mundo de la restricción

Rav Michael Laitman

El asunto de la recepción de la Luz desde la intención de satisfacer al Creador es explicado por *Baal HaSulam* a través de la parábola sobre el anfitrión y el invitado (Preámbulo a la Sabiduría de la Cabalá, punto 15). El dueño de casa (el anfitrión) desea causar placer al invitado, solo que este lo rechaza y no consiente en recibirlo. El rechazo del placer de parte del invitado entristece al dueño de casa.

En nuestro caso el "Dueño de casa" creó al creado con el fin de proveerle placer, solo que el creado rechaza este llenado, desecha el placer. El deseo del Dueño de casa es hacer el bien, y por lo tanto se puede decir, que el Dueño de casa tiene una "carencia". Si el invitado; es decir, el creado, no recibe este beneficio, el Dueño de casa queda angustiado. El invitado, el creado, decide utilizar el deseo de beneficiar del Dueño de Casa, el amor hacia él por parte del Dueño de casa. El invitado no tiene la posibilidad de detener el placer que llega del Dueño de casa, sin embargo el placer depende del deseo, y es por eso que el invitado restringe el deseo que se encuentra en él, a fin de que este deseo no disfrute del placer otorgado por parte del Dueño de casa, a pesar que él lo desea. El invitado restringe su deseo debido a que conoce la grandeza del Dueño de casa distinguiendo la forma de su otorgamiento (la revelación del Dueño de casa es semejante a la revelación del atributo de otorgamiento en el paso entre la fase 2 y la fase 1). Así, a pesar de que el invitado desea disfrutar por naturaleza, no utiliza su naturaleza de recibir.

Al comienzo, el invitado tiene un deseo natural - disfrutar- y luego se restringe. En el siguiente nivel, él entiende que le es posible utilizar su deseo de recibir para otorgar, entonces lo lleva a cabo, recibiendo en el mismo deseo con la intención de otorgar, utilizando el deseo que creó en él el Dueño de casa en las tres fases anteriores, y que él mismo alcanzó en la fase 4; él utiliza el reconocimiento del Dueño de casa como dador así como todos los placeres que llegan de parte de Él. De hecho, él utiliza todos los detalles de la Creación, los cuales son él mismo y lo que él percibe del Superior. Aquí no hay ninguna adición sobre las acciones del Creador fuera de una sola cosa –la determinación de la actitud del creado hacia la Creación. El creado empieza a referirse a la Creación a partir de una sola meta - asemejarse al Creador. La recepción con la intención de otorgar al Creador se denomina como "recibir con el fin de otorgar". La fase 4 llega a esta intención mediante acciones que se le revelan luego del *Tzimtzum* y de aquí en adelante empezará a implementar su intención en la práctica.

Luego del *Tzimtzum* (restricción) el invitado quiere otorgar al Dueño de casa, y lo hace recibiendo el placer que le brinda, con la intención que el Dueño de casa disfrute de ello.

El Partzuf espiritual

Tal como se había dicho, el primer paso de la fase 4 es el rechazo de la Luz que llega a ella. De esta manera ella expresa su deseo de no utilizar el deseo de recibir, no recibiendo la Luz tal como la recibía antes del *Tzimtzum*. Luego del rechazo de la Luz, la fase 4 puede empezar a recibir con el fin de otorgar, solo que al principio ella debe examinase a sí misma a fin de medir cuanta intención tiene de asemejarse al otorgante Creador.

De momento, la fase 4 entiende que en la medida que su deseo sea más grande, así podrá otorgar más, por eso, desde este nivel en adelante se acostumbra ilustrar a la fase 4 en forma de línea y no como círculo. Arriba, a la cabeza de la línea, se encuentra el Creador; el atributo de otorgamiento. En la base de la línea se encuentra el creado; o sea, la cualidad de recepción. La fase 4 por sí misma divide sus deseos en el grado de *Shóresh* (Raíz), *Álef* (1), *Bet* (2), *Guimel* (3) y *Dálet* (4). Deseos con los cuales ella es capaz de otorgar, están ubicados más alto, cercanos al Creador y viceversa: deseos con los que solamente puede otorgar un poco o que definitivamente no puede otorgar con ellos al Creador están ubicados lejos del Creador. El creado encuentra su lugar en los peldaños de la escalera que está entre su naturaleza y la naturaleza del Creador, según su capacidad de asemejarse al Creador, así es como la fase 4 se mide a sí misma: según su intención de otorgar y asemejarse al Creador, ella se ve a sí misma más cercana a Él, más elevada (porque así es como ella estima el atributo de otorgamiento como elevado y sublime), o más lejana de Él, baja e inferior.

La fase 4 siempre debe medir su intención, debe realizar *Tzimtzum* a fin de sopesar exactamente si es capaz o no de otorgar antes de realizar el acto de la recepción. Para ello, se forma en ella un estado nuevo que es llamado "*Rosh*" (Cabeza). Primero que nada el *Rosh* rechaza toda la Luz que llega hacia la fase 4 luego de lo cual establece el cálculo de la Luz (Ver Diagrama N°. 5).

La Luz que se extiende desde el Creador hacia la fase 4 es llamada "*Or Yashar*" (Luz directa); en tanto que la Luz que la fase 4 no quiere recibir en forma directa, rechazándola, es llamada *"Or Jozer"* (Luz retornante).

Por consiguiente, la fase 4 rechaza toda la Luz que llega a ella por parte del Creador, luego de esto ella mide hasta cuánto es capaz de recibir, de forma que la recepción se considere otorgamiento. Esta revisión ella la realiza en relación a los *Reshimot* (reminiscencias) que quedaron en ella luego del *Tzimtzum*: 4 *de Hitlabshut* (vestidura) y 4 *de Aviut* (espesor) (4/4). Aquellos *Reshimot* son los registros existentes en ella desde el estado en el Mundo de *Ein-Sof* (Infinito): las impresiones del placer que hubo en ella son (*Dálet de Hitlabshut*), y las impresiones del deseo que hubo en ella (*Dálet de Aviut*). La fase 4 analiza la posibilidad de otorgar en relación a los *Reshimot* 4/4. Ella siente que la intención de asemejarse al otorgante será posible en fase de *Shóresh*, *Álef* (1), *Bet* (2) y *Guimel* (3) que están en ella, solo que en la misma fase 4 no podrá recibir con el fin de otorgar, y por eso decide recibir la Luz solamente en parte de sus deseos.

Diagrama N°. **5**

Creador = Otorgamiento

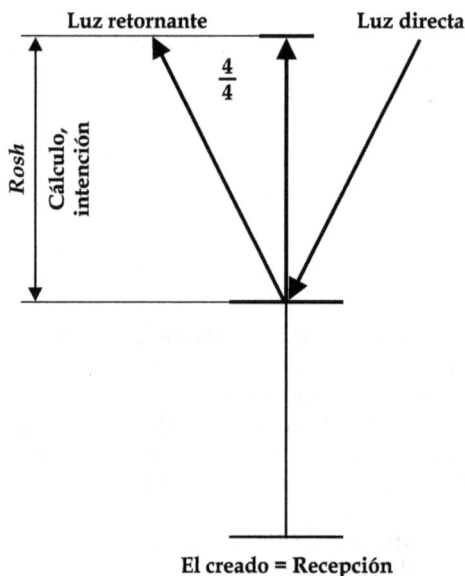

Luz retornante **Luz directa**

$$\frac{4}{4}$$

Rosh

Cálculo, intención

El creado = Recepción

Luego de los cálculos en el *Rosh*, la fase 4 recibe la Luz en sus deseos *Shóresh*, *Álef*, *Bet*, *Guimel*, y el deseo de la fase misma; es decir *Dálet*, permanece vació. El sitio en que la fase 4 recibe el placer es llamado "*Toj*" (Interior), en tanto que el lugar que no puede recibir placer es llamado "*Sof*" (Final). El *Sof* de la fase 4 en su generalidad es llamado "*Sium Raglin/Raglaim*" (Terminación de las piernas), o abreviando: "*Sium*" (terminación). El *Toj* y el *Sof* juntos son la suma de todos los deseos que se encuentran en ella llamados "*Guf*" (Cuerpo). El lugar en que a partir de él, finaliza *Rosh* y empieza el *Guf*, el deseo, es llamado "*Pe*" (Boca); el lugar en el que cesa la recepción de la Luz es llamado "*Tábur*" (Ombligo). La totalidad de los actos de la fase 4, desde el *Rosh* hasta el *Sium* es denominada "*Partzuf*" (Ver Diagrama N°. 6)

Diagrama N°. **6**

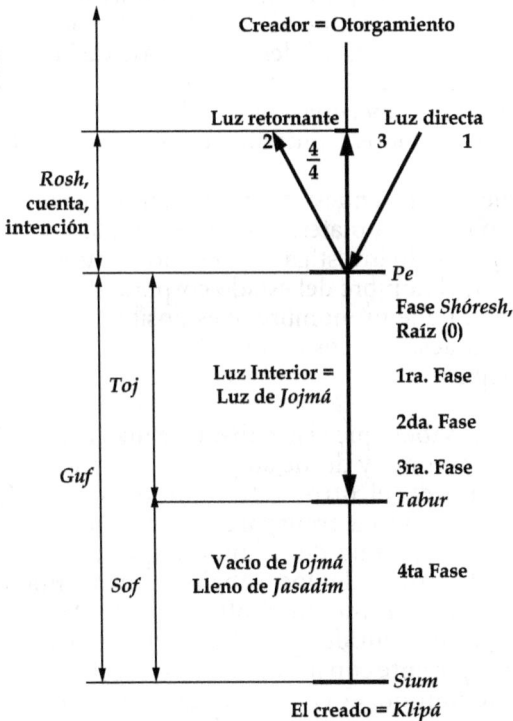

Creador = Otorgamiento

Luz retornante | Luz directa
2 | $\frac{4}{4}$ | 3 | 1

Rosh, cuenta, intención

Pe

Fase *Shóresh*, Raíz (0)

Toj

Luz Interior = Luz de *Jojmá*

1ra. Fase

2da. Fase

Guf

3ra. Fase

Tabur

Sof

Vacío de *Jojmá* Lleno de *Jasadim*

4ta Fase

Sium

El creado = *Klipá*

A continuación, cuando aclaremos los estados de la fase 4, en su camino a la semejanza absoluta a la cualidad de otorgamiento, veremos que unos cuantos de sus estados son las raíces del cuerpo del hombre en éste mundo. De estos estados es que se derivan los nombres de los conceptos de *"Partzuf"*, *"Pe"*, *Tabur*, *"Sium Raglin"*, y otros, llamados según las partes del cuerpo material.

El Lenguaje de las ramas

Explicaremos brevemente el lenguaje de la sabiduría de la Cabalá, "el lenguaje de ramas". Los cabalistas que descubren el Mundo Superior sienten fuerzas; ellos investigan el deseo y los tipos de llenado que existen en él, sin embargo no saben cómo denominar todas las impresiones, los hechos y las relaciones entre los estados que van conociendo, ya que la impresión espiritual es una sensación descubierta, sin ningún tipo de señales exteriores. La revelación espiritual es la revelación del deseo y la clase de llenado en él, y no existe nombre para tales revelaciones. Es por eso que los cabalistas utilizan nombres y apelativos que solemos dar a los resultados corporales de los estados espirituales en nuestro mundo.

Todo lo que existe en nuestro mundo, también existe en el Mundo Superior, pero con otra materia, por eso cuando la persona alcanza el Mundo Superior, lo investiga y quiere nombrar al estado o el acto, llamándolo con el nombre del estado corporal del cual deriva. Cada estado corporal tiene un nombre, y es posible utilizar los nombres corporales para describir los estados, los actos, los fenómenos y las conexiones espirituales.

Nos compete saber, que el cabalista alcanza el mundo espiritual mediante este mundo, y desde su punto de vista, los dos mundos se visten el uno en el otro. Este mundo es considerado a sus ojos como un diagrama transparente con números y nombres, puesto sobre el diagrama del Mundo Superior. Estos diagramas se revelan a los ojos de los cabalistas exactamente como si estuvieran vestidos el uno en el otro, solamente que los detalles en cada mundo son sentidos por él de forma distinta. A través del diagrama transparente con los números y nombres que el cabalista conoce de este mundo, él ve y siente los fenómenos en el mundo espiritual. Si quisiera precisar mucho más se diría, que a partir de los fenómenos que son vistos en el diagrama transparente de este mundo, el cabalista discierne las raíces que determinan los acontecimientos en este mundo. "El lenguaje de las ramas" es un lenguaje que tiene la posibilidad de denominar cada término espiritual con nombres reconocidos por nosotros en este mundo. La mayoría ciertamente están basados en un vocabulario que es familiar para nosotros, pero al igual que cualquier otro lenguaje científico, también en el lenguaje de las ramas hay términos profesionales tal como los nombres de las *Sfirot*, los mundos y acciones especiales que existen solamente en la espiritualidad. La sabiduría de la Cabalá utiliza el lenguaje de las ramas así como cada una de las otras ciencias utilizan su lenguaje único.

La acción del *Partzuf*

Volvamos a la descripción de los estados del desarrollo del creado. Aprendimos que *Maljut de Ein Sof* (Fase *Dálet*) se restringió y decidió recibir en la medida en que ella pueda otorgar. Además aprendimos que de todas maneras los actos de *Maljut* que van desde el "*Rosh*" (cabeza) hasta el "*Sium Raglin*" (terminación de las piernas) son llamados "*Partzuf*". Este *Partzuf* incluye tanto al "*Rosh*" como al "*Guf*" (cuerpo). El *Guf* se divide en "*Toj*" (interior) y "*Sof*" (final), mientras que *Toj* se extiende desde "*Pe*" (boca) hasta el "*Tabur*" (ombligo), y el "*Sof*" –desde el *Tabur* hasta *Sium Raglain* (Ver Diagrama N°. 6).

La Luz que se extiende hacia el *Partzuf* y se detiene en *Pe* es llamada "*Or Yashar*" (Luz directa). El *Partzuf* rechaza toda la Luz directa, denominando la Luz rechazada con el nombre de "*Or Jozer*" (Luz retornante). Luego del rechazo de la Luz, el *Partzuf* calcula cuánto es capaz de recibir con el fin de otorgar, siendo la medida de la posibilidad del *Partzuf* para otorgar llamada también "*Or Jozer*".

Después del cálculo hecho en el *Rosh* del *Partzuf*, el *Partzuf* recibe el placer que se viste en la Luz retornante, con la intención de otorgar. Estas dos luces, *Or Yashar* (Luz directa) vestida en *Or Jozer* (Luz retornante), juntas son llamadas "*Or Pnimí*" (Luz interior). Esta Luz se expande en el "*Toj*" del *Partzuf*. La parte del *Partzuf* que no tiene la posibilidad de recibir la Luz con la intención de otorgar; es decir, la fase *Dálet*, es llamada "*Sof HaPartzuf*" (Final del *Partzuf*). Esta parte del *Partzuf* queda vacía. Para dar un ejemplo, que supongamos que el *Partzuf* calculó que tenía la posibilidad de recibir con el fin de otorgar el diez por ciento de la *Or Yashar* que se extiende hacia él. Consecuentemente a la decisión recibida en el *Rosh* del *Partzuf*, recibió la Luz que se desprende hasta el *Tabur*. El 80% de *Or Yashar* que llegó permanece fuera del *Partzuf* (Ver Diagrama N° 7). La Luz que queda por fuera del *Partzuf* es llamada "*Or Makif*" (Luz circundante). Su nombre hace referencia a la imposibilidad de ingresar al *Toj* del *Partzuf*. El *Partzuf* la capta, la separa y la rechaza.

La acción del *Partzuf* es una acción compleja. Tiene más que la Luz que ha sido atraída hacia el *Partzuf* e ilumina en él. En la Luz rechazada, a la que se denomina como "*Or Makif*" (Luz circundante), se encuentra la relación del creado, el cual entiende que el 80% de esta Luz se encuentra opuesta a su fase 4, la cual no puede llenar. Dentro de la Luz circundante se incluye el trabajo, el esfuerzo y el rechazo del creado. Esto se debe a que la Luz circundante es el resultado del rechazo del *Masaj* (Pantalla); es decir, la Luz que ha sido rechazada por el creado que entiende los grandes placeres existentes en la Luz que él rechaza, sintiéndolos y decidiendo que no es capaz de recibirlos. Aquellos placeres son demasiado grandes como para recibirlos con el propósito de otorgar.

En este punto es importante indicar, que la fase 4 que se encuentra en el *Sof* del *Partzuf* no permanece vacía de forma absoluta como resultado del rechazo de la Luz. La fase 4 rechaza la Luz motivada por su deseo de asemejarse al Creador, de manera que este es su acto de otorgamiento. Ella no es capaz de recibir con la intención de asemejarse al Creador, sin embargo en el rechazo de la Luz, ella expresa su capacidad máxima de estar en otorgamiento.

El vacío de la fase 4 en el *Partzuf* no se asemeja al vacío de *Maljut de Ein Sof* restringida. *Maljut de Ein Sof* solamente se deshizo de todo el llenado, y la fase 4, al contrario, se queda vacía debido a su deseo de asemejarse al Creador. Por eso, la fase 4 siente dentro de sí un llenado denominado como "*Or Jasadim*" (Luz de la Misericordia), cuyo estado se parece un tanto a la fase 2 luego de que rechazó la Luz que llenaba la fase 1. De la misma manera en la fase 2 fue sentido el placer de cierta semejanza con el Creador; es decir, el placer del deseo por ser como el otorgante. No obstante, ella aun no otorga, prácticamente, sin embargo quiere hacerlo.

La satisfacción sentida como resultado del deseo por asemejarse al Creador es llamada *"Or Jasadim"* que se extiende al final del *Partzuf*, desde el *Tabur* hasta el *Sium* (Ver Diagrama N° 7). *Or Jasadim* se extiende como resultado del acto de rechazo, dentro del deseo, por estar adherido al acto de otorgamiento a pesar de la imposibilidad de recibir con el propósito de otorgar. La Luz interior es la que se extiende hasta el *Tabur* del *Partzuf* llamada *"Luz de Jojmá"*. Al decir que el *Sof* del *Partzuf* permanece vacío, significa que se vacía de la Luz de *Jojmá*.

Cuando el *Partzuf* o el creado realizan algún acto, dicho acto se ejecuta siempre en su fase 4, no en la fase 1, 2, o 3, ni en las tres juntas, puesto que es imposible realizar acto alguno que no esté dentro del deseo. De esto surge la pregunta: ¿cómo puede ser posible que desde el *Pe* hasta el *Tabur* el creado actúe en las tres fases precedentes a la misma fase 4 y no en ella misma? (Ver Diagrama N° 7).

La respuesta es que también desde el *Pe* hasta el *Tabur* el creado actúa en la fase 4, solo que lo hace en la medida que puede trabajar con las fases precedentes a ella. También debajo del *Tabur*, el trabajo se lleva a cabo con la fase 4, no obstante aquí, a diferencia de lo que ocurre por sobre el *Tabur*, el creado trabaja no solamente con la fase de *Shóresh*, 1, 2 y 3, sino también con la misma 4.

Resulta que, el trabajo siempre es con la fase 4. En el *"Toj"* del *Partzuf*, la fase 4 está incluida en las fases *Shóresh, Álef,* Bet y Guimel, en las fases del otorgamiento del Creador, restringiéndose a sí misma. Ella no trabaja con su gran deseo, sino solamente apoyando a las fases que le preceden. El trabajo de la fase 4 en el *"Toj"* del *Partzuf* es llamado "Inclusión de la fase 4 en las tres fases precedentes". No obstante, en el *"Sof"* del *Partzuf*, la fase 4 trabaja también con las fases precedentes y también con su misma fase; por tal razón en el *Sof* del *Partzuf* ella no es capaz de recibir. En cada una de las partes del *Partzuf* (*Rosh, Toj, Sof*) existen diez *Sfirot*, y el cálculo siempre se hace sobre el deseo, sobre la décima *Sfirá*; es decir, sobre la última fase que siente el deseo como propio. Solo ella siente que decide y es independiente. Sin embargo, solamente la última *Sfirá* se siente a sí misma como creado.

Diagrama No. 7

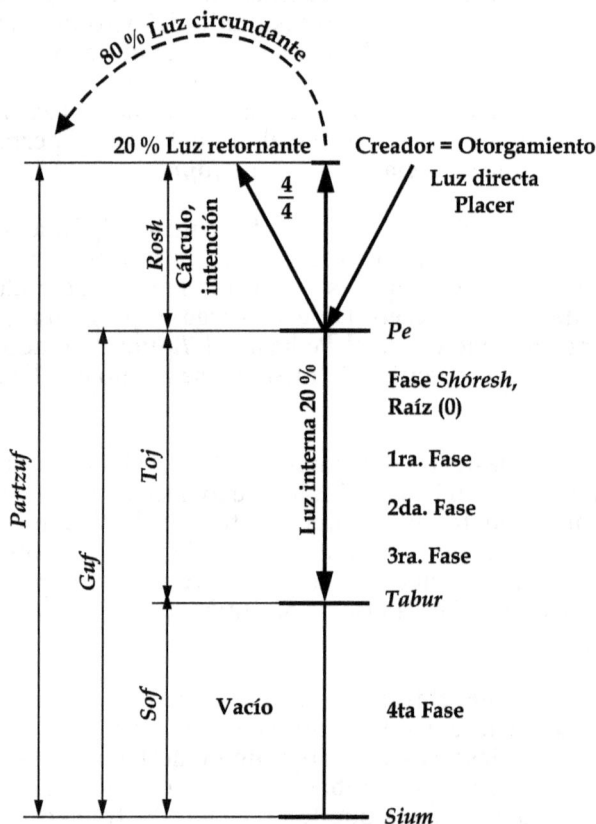

El "*Partzuf*" es aquella *Maljut de Ein-Sof* con todos sus deseos. El cálculo es hasta cuanto ella es capaz de trabajar con los deseos que se encuentran en ella con la intención de otorgar llamada "*Rosh*". La medida en que ella es capaz de recibir con el fin de otorgar en todos los deseos que se encuentran en ella es llamada "*Toj*"; en tanto que los deseos restantes que no pueden recibir con el fin de otorgar y que se incorporan al acto de otorgamiento en una forma pasiva por medio del *Tzimtzum*, son llamados "*Sof*".

Es así que la estructura, producto de las treinta *Sfirot* compuestas de *Rosh-Toj-Sof*, es denominada "*Partzuf*". No podría ser de otra manera, sino cuando se acepte la decisión de recibir con el fin de otorgar en un 100% con toda la capacidad del *Kli*, se anulará el "*Sof*" del *Partzuf* y toda la Luz se recibirá en el "*Toj*" (Ver Diagrama N° 8). Dicho estado se denomina "*Gmar HaTikún*" (Final de la corrección), donde *Maljut de Ein Sof* será llenada tal como lo fue antes del *Tzimtzum*, solo que su recepción será con el fin de otorgar. En el final de la corrección, *Maljut de Ein Sof* será complementada por "*Rosh*", la intención con el propósito de otorgar, entonces ella recibirá toda la Luz con este fin dentro del *Partzuf*; es decir, toda ella será como "*Toj*".

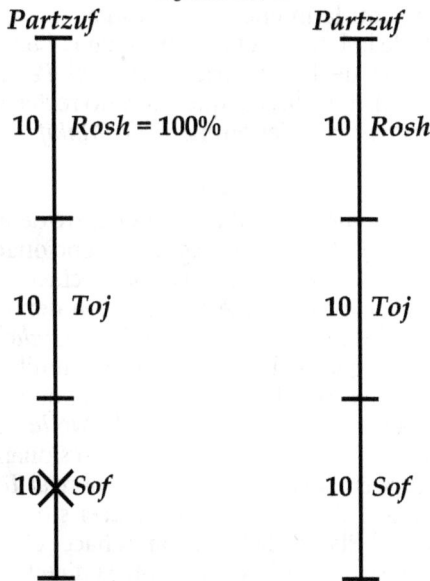

Diagrama No. 8

Rav Michael Laitman

El Masaj (Pantalla)

Luego del *Tzimtzum Álef* (primera restricción), la fase 4 decidió rechazar la Luz, y luego del rechazo de la Luz, ella revisa hasta cuanto puede recibir con el fin de otorgar, recibiendo en la misma medida. Luego de la recepción en la fase 4 queda una parte vacía, en la que no está capacitada para recibir con el fin de otorgar. Es en esta parte en la que ella rechaza la Luz, mediante el *"Masaj"*. El *Guf* del *Partzuf* en su totalidad es, en realidad, "deseo". El deseo se manifiesta por medio de la atracción de la Luz - placer para sí mismo, debido a que el deseo es atraído hacia el placer, siendo este el lugar del *Masaj*: el *Masaj* se coloca entre el placer y el deseo deteniendo el placer. Este no permite que el placer se extienda dentro del deseo en forma directa así como era antes del *Tzimtzum*.

Cuando la Luz directa llega al *Partzuf*, el *Masaj* la rechaza y analiza hasta cuánto puede recibir con el fin de otorgar, la capacidad del *Partzuf* para recibir con el fin de otorgar se denomina *"Or Jozer"* (Luz retornante). El *Partzuf* viste la Luz directa con la Luz retornante, y la Luz se extiende en su interior como Luz interna. Para dar un ejemplo, supongamos que el *Partzuf* tiene la capacidad de recibir el 20% de la Luz que viene con la intención de otorgar. Luego del análisis y la decisión, el 20% de la Luz directa, vestidos en la Luz retornante dentro del *Partzuf* a nivel de Luz interior, desde el *Pe* hasta el *Tabur*, se expanden. El 80% de Luz directa que han sido rechazados permanecen por fuera del *Partzuf* y se denominan *"Or Makif"* (Luz Circundante) (Ver Diagrama N° 9).

La Luz interior se extiende gradualmente dentro de las diez *Sfirot* que se encuentran en el *"Toj"* del *Partzuf* (según lo mencionado anteriormente, las diez *Sfirot* pueden ser contadas como cinco, dependiendo del tema que se trate). Las Luces que se extienden dentro del *Partzuf* son llamadas *"Néfesh"*, *"Ruaj"*, *"Neshamá"*, *"Jaiá"*, *"Yejidá"*, (NaRaNJaY). El *Partzuf* se llena de aquellas Luces hasta cierto límite llamado *"Tabur"*. Este sabe, no tiene la posibilidad de recibir más que esto. Luego de que el *Partzuf* se llena con las cinco Luces de NaRaNJaY hasta el *Tabur*, la Luz circundante queda por fuera del *Partzuf* presionando sobre el límite donde se encuentra el *Tabur*. Esta presiona sobre el *Tabur* debido a que el Creador desea que el creado reciba el placer sin ninguna limitación; ya que el motivo del Plan de la Creación es hacer el bien a Sus creados, a fin de llenar la fase 4 con placeres en forma directa.

Diagrama N° 9

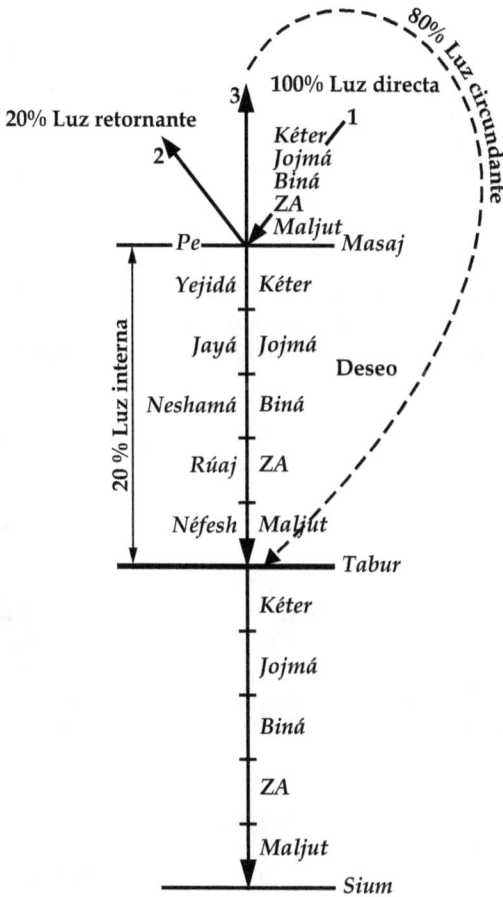

Si el objetivo del Plan de la Creación es llenar la fase 4 de placer en forma directa, la respuesta del creado respecto al Plan de la Creación es el resultado de otorgamiento indirecto; es decir, "detrás de los telones", el Creador le permite al creado sentir cuál es el significado de ser el que otorga, en tanto que el creado, como respuesta, empieza a desear asemejarse a Él. Con esto, debido a que la Luz quiere llenar al *Kli* en forma directa, la Luz circundante que fue rechazada del *Partzuf* presiona sobre él queriendo ingresar en su interior (Ver Diagrama N° 9).

El *Partzuf* no puede resistir la presión de la Luz circundante. Él es capaz de enfrentarse con la Luz directa que se encuentra en el *Rosh* del *Partzuf* decidiendo recibir cierto porcentaje de la Luz con la intención con el fin de otorgar y la recibe como Luz interior. También puede enfrentarse a la Luz interna del *Partzuf*. Pero la presión ejercida sobre él por la Luz directa no tiene la capacidad de tolerar.

Para explicar las razones de esto volvamos a la parábola del Dueño de casa y el invitado. El invitado se sienta ante el dueño de casa y se rehúsa a comer, en tanto que el dueño de casa lo presiona rogándole que lo honre, es así que toda su molestia no fue sino para el anfitrión.

Supongamos que el Dueño de casa confiere al anfitrión cinco porciones; es decir, en correspondencia a las cinco Luces de *NaRaNJaY* que se visten en cinco *Kelim* (vasijas): *Kéter, Jojmá, Biná, Zeir Anpin* y *Maljut*. El invitado hubiese querido recibir del Anfitrión todas las Luces a fin de llenar su *Kli*, siendo esto un acto esperado.

Pero por cuanto además de las Luces él también siente la esencia del Dueño de casa, es decir al Dador, siente vergüenza. Él se siente a sí mismo como el que recibe y al Dueño de casa como el que da, siendo incapaz de resistir la diferencia. Por lo tanto se restringe a sí mismo y coloca un *Masaj* (pantalla) sobre su *Kli* de recepción (Ver Diagrama N° 10).

El invitado decide no recibir nada, sin embargo el Dueño de casa insiste. Él continúa insistiendo al invitado para que reciba, y como resultado de esto en el Dueño de casa se descubre una carencia; o sea que Él sufre porque el invitado no disfruta. La revelación de la carencia del Dueño de casa provoca que el invitado se sienta más grande, ya que de momento es él, supuestamente, quien domina al Dueño de casa determinando Su estado. Luego de que el invitado siente que el Dueño de casa sufre y Su sufrimiento le produce dolor; el que es denominado como "El sufrimiento de la *Shejiná* (Divinidad)"; el invitado puede empezar a recibir. Este recibe el placer solamente con el fin de beneficiar al Dueño de casa y complacerlo. (Diagrama N° 10)

Diagrama N° 10

Néfesh	Rúaj	Neshamá	Jayá	Yejidá	
					Otorgante

20%						Masaj

Kli	Maljut	ZA	Biná	Jojmá	Kéter	Receptor

Llenado	Néfesh	Rúaj	Neshamá	Jayá	Yejidá

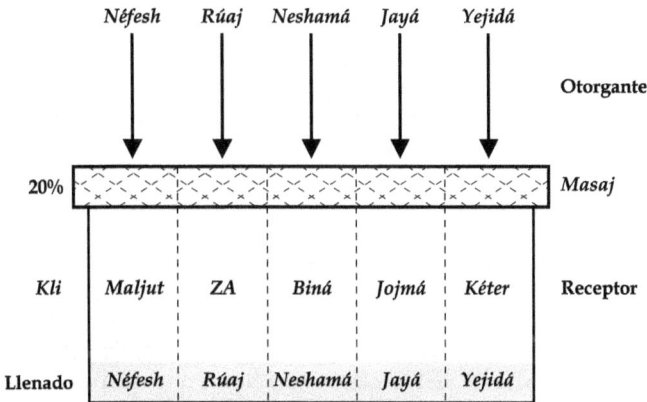

Sin embargo el *Kli* calcula la medida en la que puede recibir con el fin de otorgar. Él recibe; por ejemplo: un 20% de la Luz y el 80% restante lo rechaza, llenándose parcialmente con el 20% de cada uno de los deseos: *Kéter, Jojmá, Biná, Zeir Anpin* y *Maljut*, asemejándose al Dueño de Casa en un 20%.La recepción del placer debilita a los deseos, ya que ahora cada uno de ellos conoce cuál es su propio placer y el del otorgamiento del Anfitrión. Ellos conocen aquellos grandes placeres que se revelan dentro del deseo de recibir. Después de la recepción del placer, el 80% de la Luz circundante continúa presionando sobre el *"Tabur"* (Ver Diagrama N° 9). No obstante la Luz circundante solamente constituye el 80% de la Luz directa que llega al *Partzuf*, pero al *Kli* le es muy difícil soportarla. La Luz directa constata la falta de capacidad del *Kli* de ejecutar el Plan de la Creación y el dolor del Anfitrión. Entonces despierta al creado para que sienta cuán bueno es recibir el placer dentro del *Kli* impulsándolo para que continúe recibiendo.

Resulta que después de la recepción de una parte de la Luz que va hasta el *Tabur*, el *Kli* se encuentra en una duda difícil, ya que sobre él recae el decidir si continúa recibiendo o no. El *Kli* siente que no tiene la capacidad de continuar recibiendo, ya que si fuese a recibir más, debajo del *Tabur*, esto sería una recepción con la intención por el fin de recibir y así él no podría estar de acuerdo, por cuanto no es capaz de infringir la ley del *Tzimtzum Álef* (primera restricción) de no recibir placer para sí de ninguna manera. Por ende, todo lo que se puede hacer es partir de su estado actual, para expulsar de él todas las Luces tal como el *Tzimtzum Álef*.

Consecuentemente el *Kli* aparta todas las Luces de *NaRaNJaY*, puesto que lo llenaron desde el *Pe* hasta el *Tabur*, permaneciendo vacío. Es así que él vuelve a su estado anterior, previo al acto de recepción. En este estado tiene *Rosh* y todo el *Guf* del *Partzuf* está vacío.

Teamim y Nekudot

Las Luces ingresan dentro del *Partzuf* una por una, y de la misma manera se van. Las Luces que llenan el interior del *Partzuf*, desde el *Pe* hasta el *Tabur*, se llaman "*Teamim*" (sabores), en tanto que las Luces que salen del *Guf* del *Partzuf* son llamadas "*Nekudot*" (puntos) (Ver Diagrama N° 11). Estas Luces son llamadas así porque al salir del *Guf* descubren la oscuridad, "el punto negro".

Cada Luz que estuvo en el interior del *Partzuf* y no está más, deja tras de sí una impresión. La impresión de la Luz de *Teamim* es llamada "*Taguín*" (Coronas), y la impresión de la Luz de *Nekudot* es llamada "*Otiot*" (Letras). Estas impresiones son carencias nuevas que son sentidas en el *Guf* añadidas sobre su carencia general.

En el *Guf* existe un deseo general que nunca desaparece y las impresiones de la Luz que se retiraron son percibidas en él como una adición de carencia la cual proviene de la sensación, por cuanto antes tuvo placer - tuvo la posibilidad de ser el otorgante - y ahora no es capaz de serlo.

Así, además de la Luz directa, la Luz retornante, la Luz interna y la Luz circundante, discernimos la existencia de la Luz de "*Teamim*" y la Luz de "*Nekudot*". A la Luz que se extiende y que es recibida en el interior del *Guf* se la llama "*Teamim*"; en tanto que a la Luz que sale del *Guf*, dentro de la restricción, se la llama "*Nekudot*".

Otro concepto que debemos conocer en este contexto es "*Zivug de Akaá*" (Acoplamiento de Golpe), que es la acción que ha sido realizada en *Pe* de *Rosh* del *Partzuf*. El *Masaj* que se ubica en el *Pe* es donde se produce el "golpe" en la Luz. El *Masaj* no quiere recibir la Luz y la devuelve a su parte trasera, solo luego de esto es que calcula en qué medida puede recibir la Luz; es decir, el *Masaj* golpea en la Luz y la rechaza y a pesar de esto, luego se lleva a cabo entre ellos un "*Zivug*" (acoplamiento), dando como resultado la siguiente relación: la Luz directa se viste dentro de la Luz retornante, y estas son recibidas en el interior del *Partzuf*. El término "*Zivug de Akaá*" consecuentemente indica la unión y la relación que se produce por medio del golpe.

Diagrama N° 11

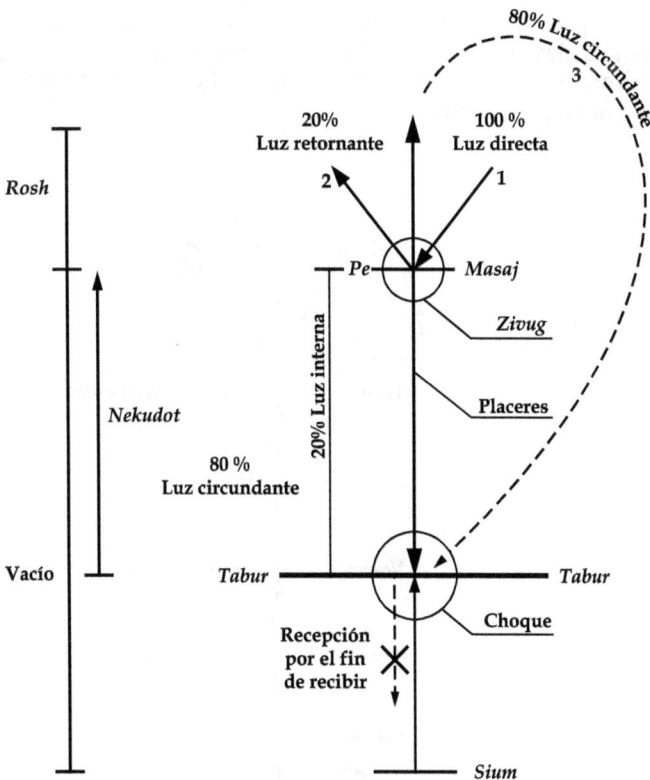

El Bitush (Impacto) y la Purificación del Masaj

El encuentro de la Luz circundante con el *Tabur* del *Partzuf* se llama "*Bitush Pnim uMakif*" (impacto frontal y circundante). Estas dos Luces, interna y circundante, presionan sobre el *Tabur* queriendo continuar extendiéndose al *Sof* del *Partzuf*. A fin de esclarecer el asunto del "*Bitush*" ampliaremos un poco el tema de la recepción de la Luz dentro del *Partzuf*.

La Luz directa llega al *Partzuf* (Ver Diagrama N° 12, 1ra etapa) y es rechazada por el *Masaj* (2da etapa). Luego de la expulsión de la Luz, el *Masaj* realiza un cálculo (3ra etapa), y la Luz empieza a expandirse gradualmente dentro del *Partzuf*. De hecho, el *Partzuf* tiene dos tipos de *Masajim* (pantallas).

Diagrama N° 12

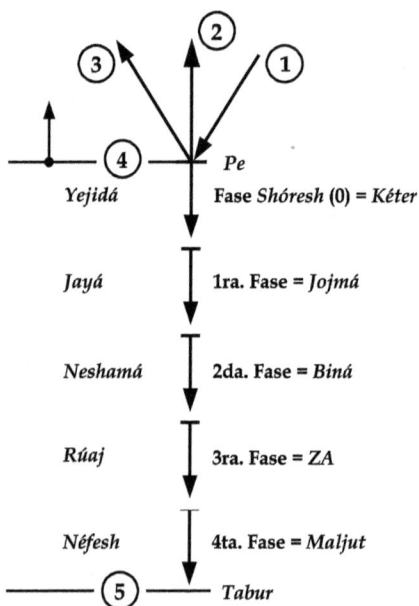

Yejidá	Fase *Shóresh* (0) = *Kéter*
Jayá	1ra. Fase = *Jojmá*
Neshamá	2da. Fase = *Biná*
Rúaj	3ra. Fase = *ZA*
Néfesh	4ta. Fase = *Maljut*
	Tabur

1. El *Masaj* ubicado en el *Pe* que rechaza la Luz sin cesar (4ta etapa). Este *Masaj* cuida que el *Tzimtzum Álef* no reciba con la intención con el fin de recibir.

2. El *Masaj* que recibe la Luz con el fin de otorgar. Este *Masaj* comienza a descender gradualmente del *Pe* hacia abajo. En principio desciende a la fase de *Shóresh* al interior del *Partzuf*, la cual es la *Sfirá* de *Kéter*. Desde allí desciende hasta la fase 1; es decir, la *Sfirá* de *Jojmá*; de allí continúa descendiendo hasta la fase 2; o sea, la *Sfirá* de *Biná*; y desde allí hasta la fase 3 que es la *Sfirá* de *Zeir Anpin*; y desde *ZA* el *Masaj* desciende hacia la fase 4 del *Toj* del *Partzuf*, hacia *Maljut* hasta el *Tabur*, y allí se detiene (5ta etapa).

Cuando el *Masaj* desciende desde el *Pe* hasta el *Tabur* todas las *Sfirot* del *Toj* del *Partzuf* se llenan con las Luces de *NaRaNJaY*. La suma de todas las Luces que llenan el *Toj* del *Partzuf* es prácticamente Luz interior, los *Teamim*, la impresión de la recepción.

Luego de que el *Masaj* se detiene en el *Tabur*, la Luz circundante llega para presionar sobre él en lo que llamamos "*Bitush Panim u Makif*". Dicho *Bitush* (impacto) hace que el *Masaj* se quede en el *Tabur* "para purificarse", y de la misma forma gradual en que recibió las Luces, así empieza a expulsarlas. Primero abandona la Luz de la fase 4, luego de esto la de la fase 3, y así sucesivamente, hasta la fase *Shóresh* (Ver Diagrama N° 13). El *Masaj* sube nuevamente al *Pe* y "echa" a toda la Luz del *Partzuf*. Las Luces que salen del *Guf* son llamadas "*Nekudot*" (puntos).

Después de la purificación del *Masaj* y su ascensión de *Tabur* a *Pe*, se unen los dos *Masajim* (pantallas), el que rechaza y el que recibe, juntos en *Pe* de *Rosh*. El primer *Masaj* es el que se encuentra en *Pe* de *Rosh* y evita que el *Guf* reciba la Luz con el fin de recibir. El segundo *Masaj* es el que calcula y posibilita la recepción de la Luz con el fin de otorgar.

Antes de la purificación del *Masaj* el *Kli* estaba en el estado cuatro de *Hitlabshut* (vestidura) y cuatro de *Aviut* (Espesor). La intención del *Masaj* era trabajar con las cuatro fases de *Aviut* del *Kli* a fin de recibir cuanto más fuera posible con el propósito de otorgar. Ahora, con su regreso al *Pe* de *Rosh*, el *Masaj* ya piensa distinto; este siente que nuevamente es incapaz de trabajar con la fase 4 decidiendo trabajar con una fase diferente, menor que ella. En el lugar del *Reshimó* cuatro de *Hitlabshut* y cuatro de *Aviut*, con el cual trabajó antes, se descubrió el *Reshimó* cuarto de *Hitlabshut* y tercero de *Aviut* (Ver Diagrama N° 13).

Diagrama N° 13

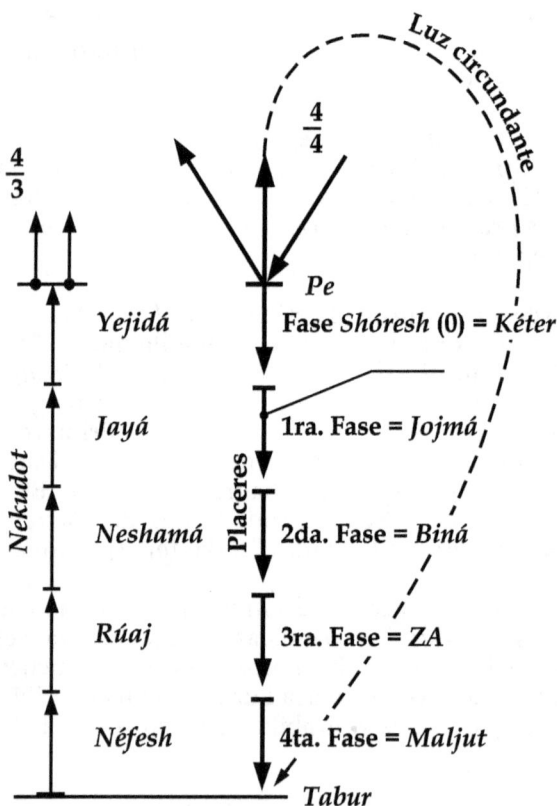

Tal como se dijo anteriormente, en el *Kli* existen dos impresiones: la impresión de la Luz; y la impresión del *Kli*; es decir, el *"Reshimó de Hitlabshut"* y el *"Reshimó de Áviut"* correspondientemente. Luego de la purificación del *Masaj* y su ascenso a *Pe* de *Rosh*, en el *Kli* quedó un recuerdo de la Luz que estuvo en el estado previo. Este recuerdo es el *Reshimó* de la Luz, el cual permanece sin cambio – cuatro de *Hitlabshut*. En contraste con esto, el *Reshimó* del *Kli* se ha disminuido. El *Kli* siente que no puede quedarse en su estado precedente porque le toca trabajar en un nivel menor a él, en el grado tres de *Áviut*. Si *Maljut* de *Ein Sof*, situada debajo de la fase de *Shóresh*, *Álef*, *Bet* y *Guimel*, al comienzo quiso trabajar con toda su *Áviut* para recibir todo lo que llega a ella, ahora tendría que trabajar en un nivel de *Áviut* menor, en el grado tres de *Áviut*. La *Áviut*, el deseo de *Maljut de Ein Sof*, es el resultado de las fases anteriores a ella: *Guimel*, *Bet*, *Álef*, *Shóresh*. Por lo tanto ahora, luego de la purificación de la fase 4, del uso de la mayor parte de la *Áviut* que se encuentra en ella, *Maljut de Ein Sof* decide trabajar con la fase 3 lo cual significa, que la impresión de la fase 4 de las tres fases precedentes a ella, de la Luz, es ahora como la fase 3 en contraste con la 4.

Con esto, el primer *Partzuf* finalizó su trabajo. Este recibió con el fin de otorgar en todo lo posible, se purificó y regresó a su estado anterior con los *Reshimot* 4/3, antes de su expansión.

Cinco Partzufim en el mundo de Adam Kadmón

Hasta ahora hemos aprendido acerca del primer *Partzuf* que salió luego del *Olam HaTzimtzum* (mundo de la restricción). El total de todos los actos en el *Partzuf* con los *Reshimot* 4/4 - el ingreso de las Luces al *Partzuf*, la partida y la purificación del *Partzuf* en los *Reshimot* 4/3, se llaman *Partzuf "Galgalta"*.

La palabra *"Galgalta"* se deriva de la palabra *Gulgolet* (cráneo). Este nombre alude a que este es el *Partzuf* de *Kéter*, el *Partzuf* más alto. *Galgalta* es la medida de la primera porción de Luz, la acción del primer otorgamiento que llevó a cabo *Maljut de Ein Sof* luego del *Tzimtzum Álef* a partir de la decisión de asemejarse al Creador

Maljut de Ein Sof puede trabajar con cada una de sus fases: *Dálet*, *Guimel*, *Bet*, *Álef* y *Shóresh*. En ella existen cinco *Reshimot* y, al trabajar con cada uno de ellos, salen cinco *Partzufim*. En el

Partzuf Galgalta, Maljut de Ein Sof recibió con la intención con el fin de otorgar hasta *Tabur*, el *Partzuf* se purificó como resultado del "*Bitush Pnim uMakif*", en tanto que el *Masaj* regresó al *Pe* de *Rosh* de *Galgalta*, que por su parte trabajó de acuerdo a los *Reshimot* 4/4 y luego de su purificación se quedaron en ella los *Reshimot* 4/3. Sobre estos *Reshimot* salió un *Partzuf* nuevo llamado *AB*

En el *Partzuf AB, Maljut de Ein Sof* trabaja con tres fases y no con cuatro de acuerdo a como era antes. Por lo tanto, si en *Galgalta* el *Zivug* se hizo en *Pe* de *Rosh*, en el *Partzuf AB* el *Zivug* se hizo en un grado por debajo de *Pe*, de manera que en relación a *Galgalta* se llama "*Jazé*" (pecho) (Ver Diagrama N° 14).

Diagrama N° **14**

También en *Rosh* del *Partzuf AB* se hizo un *Zivug de Akaá* sobre la Luz directa, solo que a diferencia del *Partzuf Galgalta*, la Luz llega a *AB* a través de *Galgalta*.

El *Masaj* que se detiene en el nuevo *Pe*, hace un *Zivug de Akaá* sobre la Luz directa recibiendo la Luz con el propósito de otorgar (sobre los

Reshimot 4/3). Luego de la recepción de la Luz, se hace un *Bitush Panim uMakif*. Como resultado de este *Bitush* las Luces abandonan el *Partzuf*, el *Masaj* se purifica desde el *Tabur* hasta el *Pe* y se recibe la decisión de continuar trabajando con los *Reshimot* en un grado menor al estado previo, con los *Reshimot Guimel* (3) de *Hitlabshut* y *Bet* (2) de *Aviut* [3/2] (Ver Diagrama N° 15).

Ahora explicaremos por qué el *Reshimó* de *Hitlabshut* del *Partzuf* de *AB* reconoció el *Reshimó* de *Hitlabshut* del *Partzuf Galgalta* (*Dálet* de *Hitlabshut* en los dos casos), sin embargo el *Reshimó* de *Hitlabshut* del tercer *Partzuf* cambia a *Guimel* de *Hitlabshut*.

La Luz de *Ein-Sof* se extiende hacia el *Toj* de *Galgalta*; un *Reshimó* que se desprende de este (*Dálet* de *Hitlabshut*) llega al *Partzuf AB*. Este *Partzuf* trabaja con el *Reshimó Guimel* de *Aviut* y de acuerdo con el nuevo deseo que se encuentra en él, la Luz que atrae hacia su interior es distinta a la Luz que está en el *Partzuf* de *Galgalta*. La Luz siempre es atraída de acuerdo al deseo. Es por eso que la Luz que se extiende en el *Partzuf AB* es menor a la Luz que está en *Galgalta*, en tanto que la Luz que se extiende en el tercer *Partzuf*, la cual es llamada *SaG*, es mucho menor. La Luz que es atraída hacia el *Partzuf* de *SaG* llega a través de dos *Partzufim* previos; esa es la Luz de *Guimel* de *Hitlabshut* y *Bet* de *Aviut*.

En el *Partzuf* de *SaG*, *Maljut* trabaja con *Aviut Shóresh*, *Álef* y *Bet*. De la misma manera *SaG*, en semejanza a los *Partzufim* que le preceden, se expande en "*Toj*"; partiendo de su *Pe*, colocado en contraste al *Jazé* del *Partzuf* de *AB*, hasta el *Tabur* (Ver Diagrama N° 15). Luego de la expansión de la Luz en el *Partzuf* de *SaG* también se hace en él un *Bitush Panim uMakif*, dando como resultado que *SaG* se purifique y decida descender un grado en la recepción de la Luz. Por ende, los *Reshimot* que quedaron luego del *Partzuf* de *SaG*, son los *Reshimot Bet* de *Hitlabshut* y *Álef* de *Aviut* (2/1).

El *Partzuf* siguiente, el *Partzuf* de *MA*, concreta los *Reshimot* 2/1, también él se extiende desde su *Pe*, el cual viene en contraste al *Jazé* del *Partzuf* anterior, y también se hace en él un *Bitush Panim uMakif* y este también se purifica. Similarmente al resto de los *Partzufim*, *MA* desciende luego de su purificación al lugar de su *Jazé* donde da origen al último *Partzuf* llamado "*Partzuf* de *Bon*". Este *Partzuf* sale sobre los *Reshimot Álef* de *Hitlabshut* y *Shóresh* de *Aviut* (1/*Shóresh*); es decir que trabaja con el *Aviut Shóresh* que es lal última *Aviut*.

En la salida de los cinco *Partzufim: Galgalta, AB, SaG, MA* y *Bon, Maljut de Ein-Sof* termina su trabajo con todos los grados que la preceden. Aquellos cinco *Partzufim* son cinco medidas de la Luz que *Maljut de Ein Sof* recibió con el propósito de otorgar al Creador. De esta forma es como *Maljut de Ein Sof* concretó toda la posibilidad de recibir con el fin de otorgar. Estos cinco *Partzufim* son llamados en conjunto: el "mundo de *Adam Kadmón*"

A continuación del proceso, el mundo de *Adam Kadmón* servirá como modelo para la construcción de un sistema espiritual diferente en un mundo diferente, el mundo de *Atzilut*, un sistema llamado "*Adam*". El sistema de "*Adam*" será construido según la estructura y forma del mundo de *Adam Kadmón*, y de aquí es de donde deriva el nombre del mundo de *Adam Kadmón*.

El Sof del Partzuf

Luego de la salida de los cinco *Partzufim* del mundo de *Adam Kadmón* toda la parte que va desde el *Pe* de *Galgalta* hasta su *Tabur* se llenó completamente, más una parte del "*Sof*", la cual es la *Maljut* misma, quedó vacía por completo de la Luz de *Jojmá*. No obstante, en el *Sof* del *Partzuf* había Luz de *Jasadim* que fue la que causó un poco de satisfacción por el hecho de que *Maljut* no utiliza su deseo, sino que quiere asemejarse al Creador, pero aparte de esta pequeña satisfacción no hubo nada en el "*Sof*". Así que lo importante de la recepción de la Luz es precisamente el "*Sof*" del *Partzuf*, en *Maljut* misma; es decir, precisamente en esta parte se encuentra lo principal de la posibilidad de complacer al Creador y de equipararse con Él. La cumbre de la equivalencia de forma, la cual es llamada "*Dvekut*" (adhesión), será adquirida solamente cuando el "*Sof*" de *Galgalta* pueda recibir con el fin de otorgar, pero en el mundo de *AK* aun no existe un *Masaj* que posibilite recibir con el fin de otorgar también en el *Sof* del *Partzuf*.

La potencia del *Masaj* en el mundo de *Adam Kadmón* permite solamente el rechazo de la Luz y no su penetración directamente en el "*Sof*". De todos los *Partzufim* de *Adam Kadmón* solamente *Galgalta* pudo llenar el "*Sof*" con la Luz de *Jasadim*. El resto de los *Partzufim*, las porciones más débiles del otorgamiento, no pudieron trabajar con él en absoluto.

El "*Sof*" de *Galgalta* representa toda la parte que quedó vacía en *Maljut de Ein-Sof* sin ninguna acción de otorgamiento. Cuando esta parte pueda pasar de un estado de vacío a un estado de llenado, esto será "*Gmar HaTikún*" (fin de la corrección); es decir, el fin de la corrección de *Maljut de Ein-Sof* en su semejanza al Creador.

Diagrama Nº 15

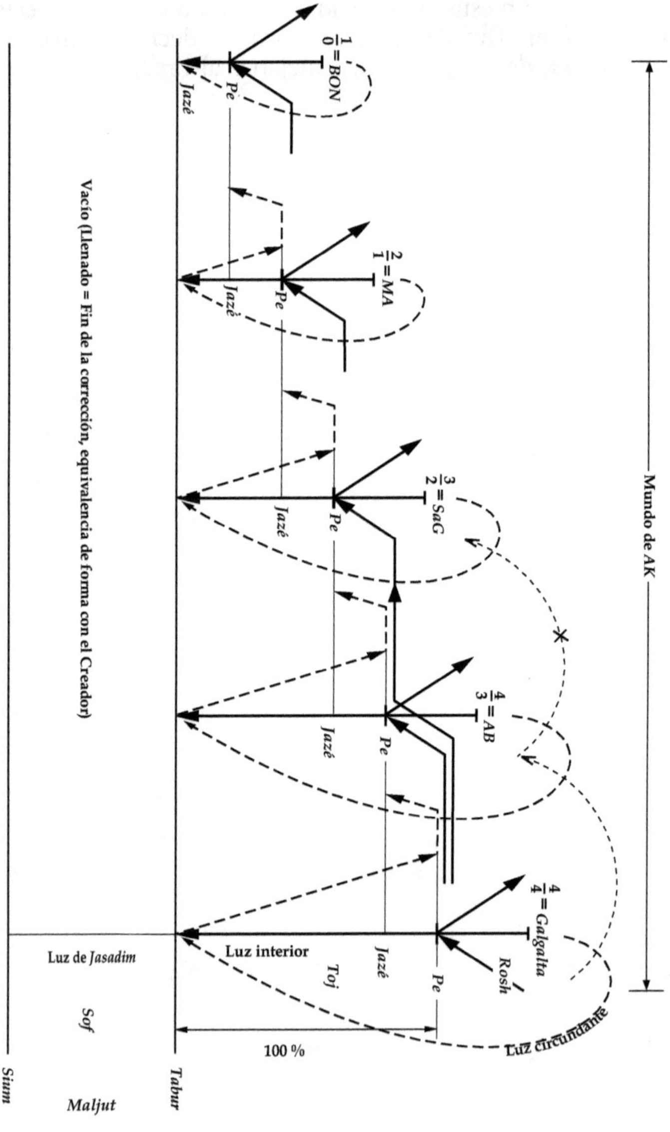

TERCERA PARTE

La fuerza de *Biná*

Con la salida de los cinco *Partzufim* – *Galgalta, AB, SaG, MA* y *BoN* – *Maljut* de *Ein-Sof* se realiza a sí misma y se plantea la cuestión, ¿de dónde obtendrá *Maljut* de *EinSof* fuerzas adicionales para su desarrollo? En este punto se expresa la acción del *Patzuf* de *SaG* – es justamente este, y no *Maljut*, quien es requerido en este momento para la acción. Esto es porque el *Partzuf* de *SaG* es el *Partzuf* de *Biná*.

Después de la sensación del Dador en las cuatro fases de Luz directa se despierta en *Biná* el deseo de ser como Él, y su deseo de otorgar construye el resto de la expansión. Así como en las cuatro fases de Luz directa, también en el mundo de *Adám Kadmón,* el *Partzuf* de *Biná* es el responsable de la continuación del desarrollo.

Antes que aclaremos la continuación del desarrollo, ampliaremos un poco la explicación sobre la acción de la fase 2, que se llama "*Biná*". En la fase 1 Creador creó el en el creado el deseo de recibir, y a través de su propia presencia le concedió al creado el deseo de otorgar.

Estos dos deseos, recibir y otorgar, tienen su fuente en el Creador. El deseo de otorgar empezó a realizar sus acciones en el creado. Si no hubiera sido por la fase 2, la primera fase hubiera permanecido en su estado – llena de Luz y sin ningún cambio. Pero la segunda fase engendró a la tercera fase. El deseo de la tercera fase de recibir con el fin de otorgar es consecuencia de la segunda fase. De hecho, también el deseo de tener placer de la cuarta fase es una consecuencia directa de la segunda fase: todo el placer que se revela en la segunda fase, es decir, todo lo que recibió de la primera fase y de la fase *Shóresh* (raíz), en la segunda fase se convierte en otorgamiento, y en la cuarta fase en recibimiento.

A partir de esto se entiende por qué la segunda fase se denomina "*Gvurá* superior", de la acción de *Hitgabrut* (superación) superior, y la cuarta fase se conoce como "*Gvurá* inferior", *Hitgabrut* inferior. Una señal adicional de la conexión entre estas dos fases se encuentra en el nombre *HaVaYaH* en donde las dos fases están indicadas con la letra *Hey* (quinta letra del calendario hebreo). Tanto *Maljut* como *Biná* son consecuencia de la sensación del Dador. En síntesis: la segunda fase, *Biná*, es la que actúa en toda la realidad siguiendo el ejemplo que tiene en las cuatro fases de Luz directa.

En el Mundo de "*Adám Kadmón*", el *Kli* (vasija) se realiza a sí mismo en cada una de sus cuatro fases y en sus raíces. Luego de la salida de las fases *Shóresh* y primera (*Partzufim Galgalta* y *AB*), sale la segunda fase, que se llama "*Partzuf SaG*". Pero cuando el *Partzuf SaG* comienza su acción, este no continúa directamente dando a luz a los *Partzufim MA* y *BON*. Al ser *Partzuf Biná*, su preocupación principal es por *Maljut*, a la que da a luz. Este *Partzuf* quiere proporcionarle a *Maljut* todas las correcciones y llevarla al fin de la corrección, a recibir con la intención de otorgar. Debido a esto, y desde su impulso de otorgar, efectúa *SaG* una acción especial.

El descenso debajo de *Tabur*

Tanto en cada una de las partes del *Partzuf* – *Rosh, Toj* y *Sof*- así como en el *Partzuf* completo, hay diez *Sfirot*. El *Partzuf Galgalta*, por ejemplo, se divide en *Kéter-Jojmá-Biná* (*KaJaB*) en el *Rosh*; *Jésed-Gvurá-Tiféret* (*JaGaT*) en el *Toj*; y *Netzaj-Hod-Yesod-Maljut* (*NeHYM*) en el *Sof* (ver Diagrama N° 1).

Diagrama N° 1

Galgalta $\frac{4}{4}$

Kéter

Jojmá

Biná

AB

SaG

Pe

Jazé · Jésed

Gvurá

Tiféret

Tabur

Nétzaj

Hod

Yesod

Maljut

Sium

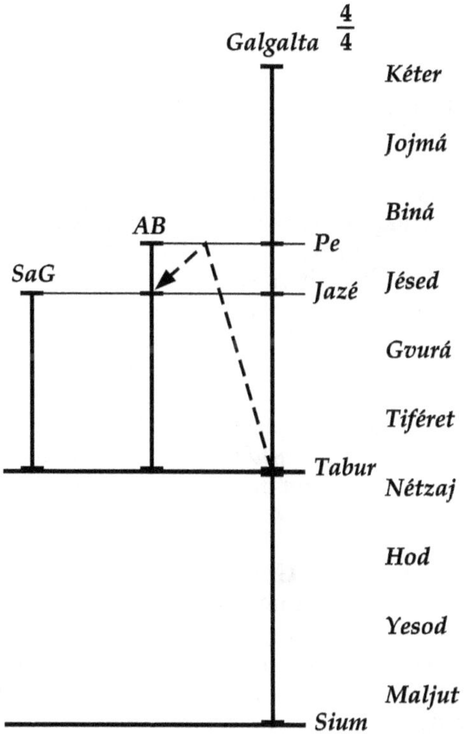

Después de la expansión del *Partzuf Galgalta* y del *Partzuf AB* tras él, se extiende el *Partzuf SaG*. Cada *Partzuf* inferior se extiende desde el *Pe* hasta el *Tabur* del superior, y el *Pe* del *Partzuf* inferior se coloca en el lugar del *Jazé* del *Partzuf* superior. El *Partzuf SaG* que sale de las *Reshimot* 3/2 es el *Partzuf Biná*, que tiene deseo de otorgar. Tal como en la segunda fase de las cuatro fases de Luz directa, la cualidad de *SaG* es la cualidad de otorgar. Debido a esto, *SaG* es empujado a la acción en relación a la parte de *Maljut* que está entre el *Tabur* y el *Sium*, la misma parte que quedó vacía.

Luego del *Zivug de Hakaá* (acoplamiento de golpe) sobre las *Reshimot* 3 de *Hitlabshut* y 2 de *Aviut*, Luz interior se extiende en

Rav Michael Laitman

SaG dentro del *Partzuf.* La *Reshimó* 3 de *Hitlabshut* manifiesta que en la Luz que se extiende en *SaG* hay un poco de Luz de *Jojmá.* Por lo tanto, en virtud de *Tzimtzum Alef* (primera restricción) que prohíbe la entrada de Luz de *Jojmá* desde el *Tabur* de *Galgalta* y debajo de este, no está en las posibilidades de *SaG* llenar la parte de *Maljut* desde el *Tabur* hasta el *Sium.* En esta parte del *Partzuf* no hay *Masaj* para recibir Luz de *Jojmá* con el fin de otorgar.

Sin embargo, al igual que todos los *Partzufim,* como consecuencia del *"Bitush Pnim u Makif",* el *Partzuf SaG* se purifica, y en su purificación llega al grado 2 de *Hitlabshut*/2 de *Aviut.* Las *Reshimot* 2/2 son *Biná* pura y debido a que el *Partzuf* que sale de ellos es completamente *Jasadim,* está en sus posibilidades extenderse por encima y por debajo del *Tabur* de *Galgalta.*

El *Partzuf* que sale de las *Reshimot* 2/2 se extiende por lo tanto por debajo del *Tabur* de *Galgalta* y llena los *Kelim* de *NeHY* de *Galgalta* con su Luz de *Jasadim,* con placer de otorgar (ver Diagrama N° 2). Los *Kelim* de *NeHY* de *Galgalta* son deseo de recibir, y las *Reshimot* que quedaron en estos *Kelim* después de la purificación de *Galgalta* son *Reshimot* 4/3.

El llenado de *NeHY* de *Galgalta* con Luz de *Jasadim* causa su unión con la parte de *SaG* que descendió debajo del *Tabur.* Esto es porque la Luz de *Jasadim* que llega desde *Biná* y se extiende en los dos *Partzufim* los acerca y los une. Existe una ley en la espiritualidad: la Luz que se extiende en el *Kli,* inhibe al *Kli* – cuando la Luz se extiende, el creado no distingue al *Kli* sino la acción de la Luz en el *Kli.*

El llenado de la Luz de *Jasadim* acerca por lo tanto a *NeHY* de *Galgalta* y la parte de *SaG* que descendió debajo del *Tabur.* *NeHY* de *Galgalta* con las *Reshimot* 4/3 otorgan su *Aviut,* su deseo, a *Biná,* a la misma parte de *SaG* con las *Reshimot* 2/2 que descendió debajo del *Tabur.*

Debajo del *Tabur* de *Galgalta* está el *Masaj* de cuarta *Aviut.* Con la purificación de los *Partzufim Galgalta* y *AB* se debilita el *Masaj,* y en la parte de *SaG* que está por debajo del *Tabur,* el *Masaj* ya es de la segunda *Aviut.* *Biná,* que descendió debajo del *Tabur* general, siente la gran *Aviut* de *Galgalta,* la *Aviut* de la cuarta fase, y debido a que no está en sus capacidades proporcionar el *Masaj* y el llenado deseados por la cuarta fase, se restringe.

Diagrama N° 2

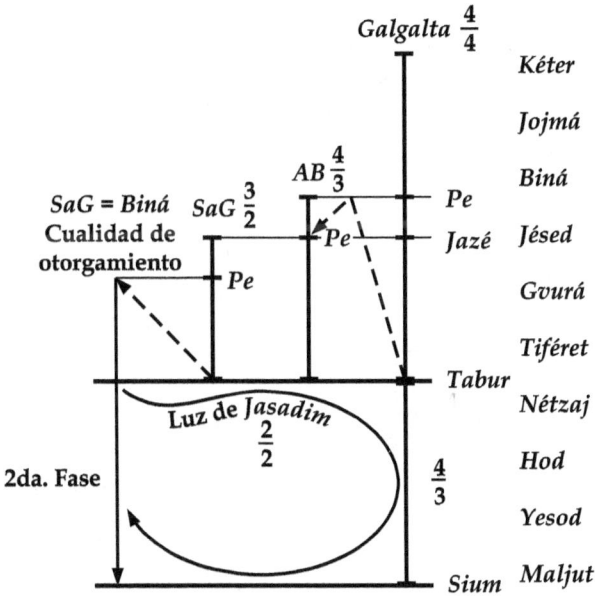

Tzimtzum Bet (segunda restricción)

Para entender la restricción de *Biná* volvamos nuevamente a las cuatro fases de Luz directa. De la fase *Shóresh* salió la primera fase – el *Kli* de recepción. Del *Kli* de recepción salió la segunda fase – *Biná*, con su deseo de otorgar. La segunda fase incluye dentro de ella dos fases: en su parte superior es deseo de otorgar, y en su parte inferior es decisión sobre cómo otorgar, es decir - recibir en la tercera fase, de manera que el recibimiento sea como otorgamiento (ver Diagrama N° 3).

Diagrama N° 3

Fase *Shóresh*, Raíz (0)

1ra. Fase

2da. Fase

GaR

Deseo de otorgar

ZaT

Intención de recibir para otorgar

3ra. Fase

Recepción con el fin de otorgar

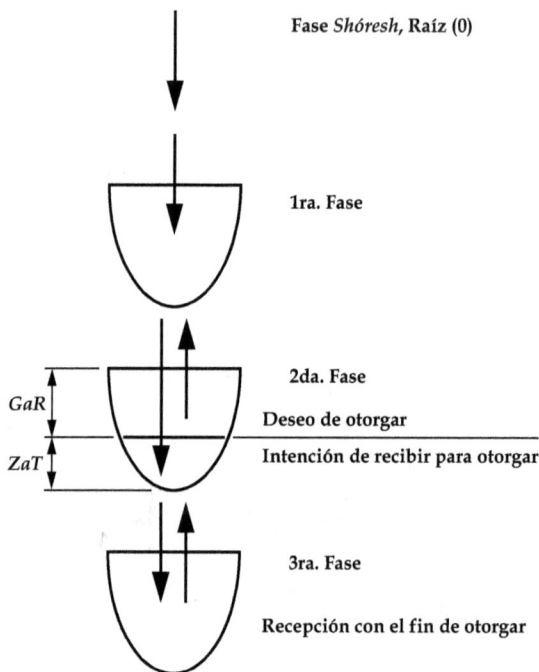

La parte superior en la segunda fase es deseo de otorgar, y la parte inferior de la segunda fase es intención de recibir con el fin de otorgar. La tercera fase ya recibe de hecho con el fin de otorgar. Es decir, la parte superior de la segunda fase únicamente comienza a querer otorgar, mientras que la parte inferior ya planifica realmente la acción de otorgar:

• La parte superior de *Biná* se llama "*GaR* de *Biná*" – las tres primeras *Sfirot* de *Biná*.

• La parte inferior de *Biná* se llama "*ZaT* de *Biná*" – las siete *Sfirot* inferiores de *Biná*.

El sentido de esta división se puede explicar con la ayuda de la estructura de *Zeir Anpin (ZA)*. Tal como se ha dicho anteriormente,

ZA incluye seis partes: *Jésed, Gvurá, Tiféret, Netzaj, Hod* y *Yesod*. Las seis partes de *ZA* se llaman, en el lenguaje de la Cabalá, *VaK* (6 extremos). Después de *ZA* está *Maljut*, la receptora. Delante de él se ubica *Biná*, la dadora. *Biná* dio luz a *ZA* y a *Maljut* que se coloca detrás de él (ver Diagrama N° 4). *ZaT* de *Biná* es la parte de *Biná* que se preocupa por los inferiores a ella, por los 6 *Ktzavot* (6 extremos) y *Maljut*. Por esto se denomina *ZaT* (7 inferiores).

ZaT de *Biná* es la parte inferior en la cual *Biná* tendrá que otorgar. En ella planifica cómo recibirá desde arriba y transmitirá hacia abajo, a las siete *Sfirot* inferiores (seis de *ZA*, y *Maljut*).

Diagrama N°. 4

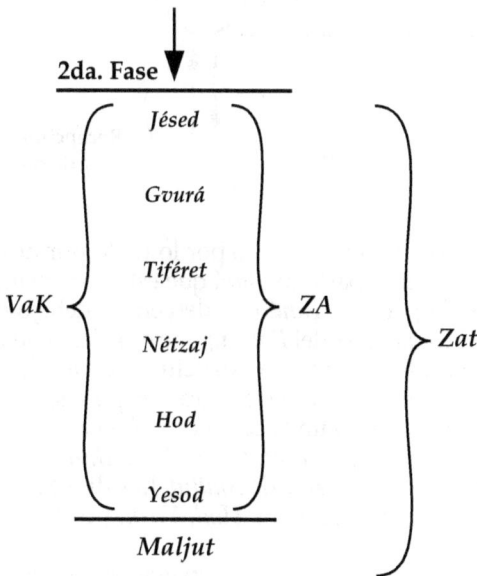

GaR (primeras 3) de Biná son Kéter, Jojmá y Biná misma. Para entender qué es otorgar, Biná necesita estar integrada por la fase Shóresh – la Sfirá de Kéter, por la primera fase – Jojmá, y por el resultado de ellas – Biná misma (ver Diagrama No 5). Por consiguiente su parte superior se llama "GaR de Biná".

Diagrama N° 5

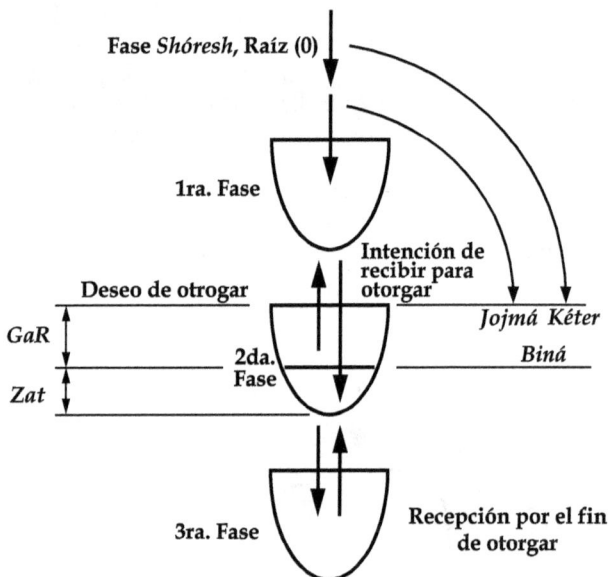

El *Partzuf* de *Biná* está integrado por lo tanto por dos partes, *GaR* y *ZaT*. *GaR* de *Biná* es la parte de *Biná* que está por encima del *Tabur*, y *ZaT* de *Biná* es la parte de *Biná* que descendió debajo del *Tabur* para asistir a *Maljut*. Cada parte del *Partzuf* que está destinada a ocuparse de otro *Partzuf* se organiza con una estructura de diez *Sfirot*. Ésta puede ser una parte pequeña de un *Partzuf* grande, pero si tiene una función especial, se organiza como una acción completa con una estructura de diez *Sfirot*. Por esto también, en las *ZaT* de *Biná*, que descendieron debajo del *Tabur* para ocuparse de *Maljut*, hay diez *Sfirot*: *Kéter, Jojmá, Biná, Jésed, Gvurá, Tiféret, Netzaj, Hod, Yesod* y *Maljut*.

De momento describiremos la estructura de las *ZaT* de *Biná*, que descendieron debajo del *Tabur* y se mezclaron con *NeHY* de *Galgalta*. *Kéter, Jojmá* y *Biná* que está en *ZaT* de *Biná* no pertenecen a las propias *ZaT* de *Biná*. Estos son *Kelim* (vasijas) que se formaron en *ZaT* de *Biná* como las primeras tres sólo para que comiencen a trabajar sobre las carencias de los inferiores. También *Jésed, Gvurá* y *Tiféret* de *ZaT* de *Biná* pertenecen a las tres primeras. Como dijimos anteriormente, la *Sfirá* de *Jésed* es parecida a la de *Kéter*, *Gvurá* a *Jojmá*, y *Tiféret* a *Biná* (ver clase N° 2, "Seis *Sfirot* de *ZA*"). La *Sfirá* de *Tiféret* incluye también diez *Sfirot*, y además igualmente que *Biná*, se divide en dos: su parte de *GaR* pertenece a *Biná*, y su parte de *ZaT* pertenece a *ZA* que está debajo de *Biná* (ver el Diagrama no. 6).

Los *Kelim Kéter*, *Jojmá*, *Biná*, *Jésed*, *Gvurá* y *GaR* de *Tiféret* pertenecen solamente al otorgamiento. Estos *Kelim* se llaman "*Galgalta ve Eynaim*" (*GE*) (ver Diagrama N° 6). *Kéter*, *Jojmá* y *Biná* se llaman "*Galgalta*", *Jésed*, *Gvurá* y *GaR* de *Tiféret* se llaman "*Eynaim*". Los *Kelim GE* son *GaR* de *ZaT* de *Biná* (vean Diagrama N° 6) – *GaR* misma (*KaJaB*) y *GaR* de *ZA* (*JaGaT*).

Las partes que están por debajo de *GaR* se llaman "*Ozen*" (oído), "*Jótem*" (nariz) y "*Pe*" (boca), juntos forman el *AJaP*; *ZaT* de *Tiféret* son "*Ozen*"; *Netzaj*, *Hod* y *Yesod* son "*Jótem*"; y *Maljut* es "*Pe*" (ver Diagrama N° 6). En contraposición a *GE* que son *Kelim* de otorgamiento, *AJaP* son *Kelim* de recepción. Así se divide la *Biná* que desciende debajo del *Tabur* y se entremezcla con *NeHY* de *Galgalta*.

Diagrama No. **6**

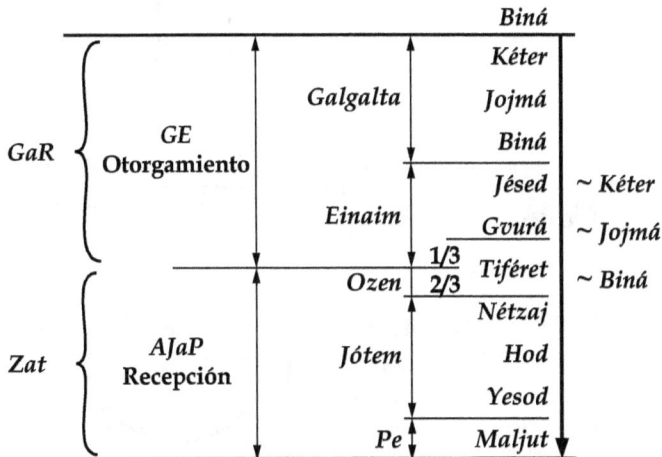

Nota: El símbolo ~ significa "semejante a"

Rav Michael Laitman

Como hemos dicho al principio, la *Aviut* de *NeHY* de *Galgalta* influye a *Biná* que descendió debajo del *Tabur*. En este momento se puede precisar y decir, que el gran deseo de la cuarta fase influye sólo sobre el *AJaP* de *Biná* y no sobre su parte de otorgamiento, no sobre *GE*. La cuarta fase le añade por lo tanto al *AJaP* de *Biná*, que está debajo del *Tabur*, el deseo de recibir de la cuarta *Aviut*, y de este modo ella lo aísla del resto del *Partzuf* (ver el Diagrama n°. 7).

Siendo así, después del descenso de *Biná* debajo del *Tabur* de *Galgalta*, gobierna sobre el *AJaP* de *Biná*, sobre su *NeHY*, un deseo de recibir muy grande de la cuarta *Aviut*. Pero *Biná* tiene sólo *Masaj* para el segundo grado de *Aviut*. Por esto, cuando el gran deseo del cuarto grado de *Aviut* se revela, queda claro para *Biná* que no está capacitada en absoluto de proveer a *Maljut* de Luces. *Biná* puede únicamente dominar a su *GE*, y como consecuencia de esto restringe su acción para con *Maljut* y no activa su parte inferior, el *AJaP* (ver el Diagrama n°.7).

Diagrama No. 7

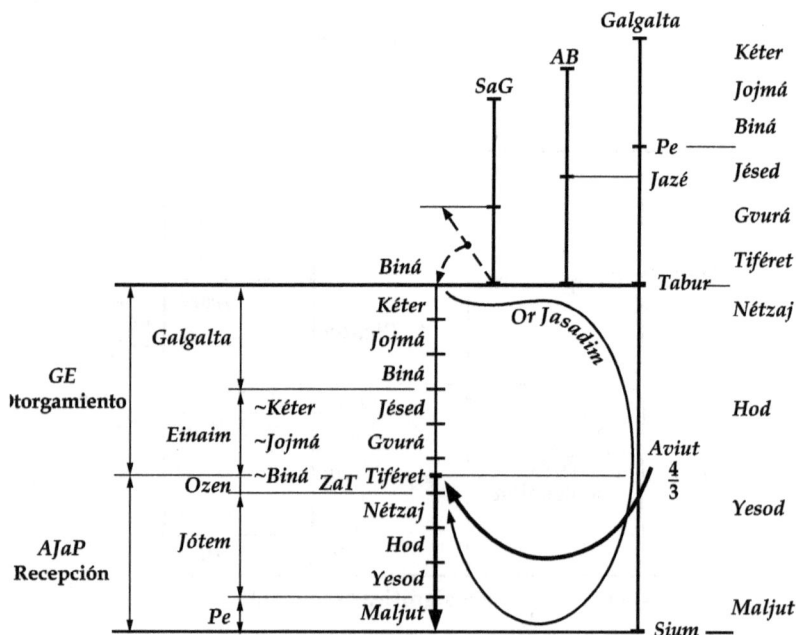

El *Partzuf* que desciende debajo del *Tabur* se llama "*Nekudot* (puntos) de *SaG*". Se llama así, porque se extiende a la salida de las Luces del *Partzuf SaG*. Las Luces que se retiran del *Partzuf* durante la purificación del *Masaj* se llaman "*Nekudot*", porque perciben a *Maljut* como un punto negro incapaz de recibir algo. El *Masaj* que se purifica desde el *Tabur* al *Pe* no lo hace de una sola vez. En su camino hacia arriba, hacia el *Pe* de *Rosh*, se acopla en cada nivel que se revela en su camino de purificación, y los *Partzufim* que salen de estos *Zivuguim* se llaman *Partzufim* de "*Nekudot*".

Diagrama N° 8

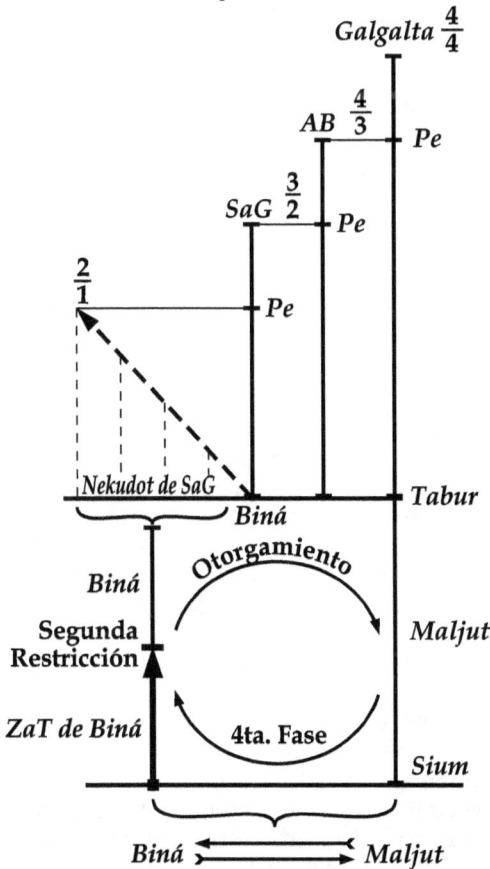

$$Galgalta\ \frac{4}{4}$$

$$AB\ \frac{4}{3}$$ Pe

$$SaG\ \frac{3}{2}$$ Pe

$$\frac{2}{1}$$ Pe

Nekudot de SaG

Biná

Biná

Otorgamiento

Segunda Restricción

Maljut

ZaT de Biná

4ta. Fase

Tabur

Sium

Biná ⇄ Maljut

Rav Michael Laitman

En dicho caso, el *Masaj* que se coloca en el *Tabur* de *SaG* se purifica de los grados 3/2 y asciende al *Pe* de *Rosh* al estado de los grados de 2/1. Y durante la purificación del *Masaj*, en el *Zivug* sobre las *Reshimot* de nivel 2/2, sale el *Partzuf Nekudot* de *SaG* (ver Diagrama N° 8). El *Partzuf Nekudot* de *SaG* se extiende debajo del *Tabur* y llena a *NeHY* de *Galgalta*, y a partir de la unión entre ellos se hace, en *Nekudot* de *SaG*, el *Tzimtzum Bet* (segunda restricción).

No es *Biná* la que se restringe, sino la parte en ella que está destinada a ocuparse de *Maljut*. La parte de *Biná* destinada a ocuparse de los inferiores comprende que no es capaz de proveer *Masajim* (pantallas), correcciones o Luces a los inferiores, y por lo tanto se restringe. *Maljut*, que está situada en el *Sium* del *Partzuf* asciende mediante su restricción al lugar donde se terminan los *Kelim* de otorgamiento, y su ascenso se llama "*Tzimtzum Bet*" (segunda restricción) (ver Diagrama N° 8).

La segunda restricción también se puede describir en relación a *Maljut* de *Ein Sof*. Como recordamos, la fase *Shóresh* le otorga a la primera fase, y la primera fase se convierte en la segunda; la segunda fase saca de su interior a la tercera fase, y la tercera a la cuarta (*Maljut*). Ahora, en *Tzimtzum Bet*, la cuarta fase pide a *Biná* que no le dé su Luz, porque no es capaz de recibirla con el fin de otorgar (ver Diagrama N° 9).

En *Tzimtzum Bet*, *Maljut* reacciona a la acción de *Biná*, y así, de hecho, se crea por primera vez, una conexión entre el inferior y el superior. *Maljut* otorga a *Biná*. El creado, que es *Maljut*, hace una restricción en el Creador. Él no quiere ser un receptor con el fin de recibir, y no es capaz de recibir con el fin de otorgar. Por lo tanto restringe la acción del Creador sobre sí, como si fuera que le dice al Creador: "Yo no quiero, y tú – no hagas".

Esta acción, llamada "segunda restricción", es una acción increíblemente importante, ya que gracias a ella se establece nuevamente un nexo desde el creado al Creador. La segunda restricción determina el estado del creado como otorgante, debido a que la negación del creado a recibir lo convierte en otorgante. Al negarse a recibir expresa su deseo de asemejarse al Superior. La acción del creado en la segunda restricción es el punto fundamental de todo el desarrollo "de Arriba hacia abajo". Ésta es la primera vez en la cual el creado responde a las acciones del Creador. De aquí en adelante podremos hablar acerca de las acciones que llevarán finalmente a la creación del verdadero creado.

No obstante, con el descenso de *Nekudot* de *SaG* debajo del *Tabur*, *Biná* todavía no influye sobre *Maljut* para que *Maljut* se corrija, pero el descenso de *Nekudot* de *SaG* provocó una unión especial entre *Maljut* y *Biná* y ahora pueden trabajar recíprocamente. Por el momento, el otorgamiento de *Maljut* a *Biná* se expresa en la segunda restricción. Pero con la continuación del proceso, cuando *Maljut* reciba correcciones sobre sí, obligará nuevamente a *Biná* a otorgarle las Luces que actualmente rechaza recibir. En esta etapa solamente *Maljut* actúa frente a *Biná* y le responde, pero esta reacción causará en el futuro muchas acciones comunes entre *Biná* y *Maljut*.

Diagrama N° 9

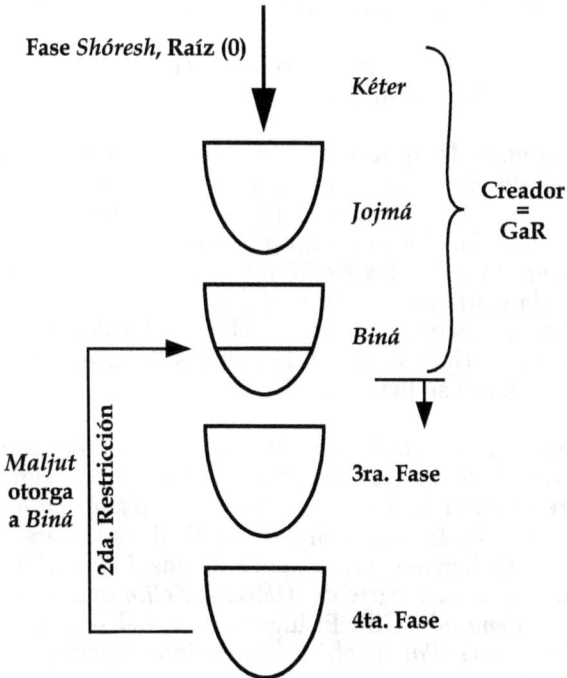

91

La cooperación entre *Biná* y *Maljut* será la ocasión para la corrección de toda la *Maljut* que está por debajo del *Tabur*. *Maljut* recibirá correcciones de *Biná* y se llenará de Luz con la intención de otorgar. Así toda la *Maljut* de *Ein Sof*, la cual es el creado, llegará al fin de la corrección.

Pequeñez del mundo de *Nekudim*

El *Partzuf Nekudot* de *SaG* descendió debajo del *Tabur* general para ocuparse de *Maljut*. Su asociación con *Maljut* le dejó una impresión de esta, de forma tal que posteriormente a la segunda restricción, quedaron en *SaG* dos tipos de *Reshimot*:

- *Reshimot* del *Partzuf Nekudot* de *SaG* que descendió debajo del *Tabur*: segundo grado de *Reshimot* de *Hitlabshut* (vestidura) y primer grado de *Aviut* restringidas por la segunda restricción (ver Diagrama N° 10).

- *Reshimot* de *Maljut* (*NeHY* de *Galgalta*): cuarto grado de *Reshimot* Dalet de *Hitlabshut* y tercer grado de *Aviut*.

Estos son los datos que quedaron en *SaG* después de las interacciones de *Biná* y *Maljut*.

Las *Reshimot* de grado 2/1 restringidas son las *Reshimot* del *Partzuf* de *Biná* restringido, y las *Reshimot* de grado 4/3 nos permiten saber sobre la causa de su restricción, sobre la participación de *Maljut* en la segunda restricción. Como cualquier otro *Reshimó*, también las *Reshimot* que permanecieron después de la segunda restricción, exigen al deseo realizarlas – después de la serie de acciones que acontecen debajo del *Tabur* de *Galgalta* y de la segunda restricción, ascienden dichas *Reshimot* al *Pe* de *Rosh* de *SaG* y requieren su llenado.

El primer par de *Reshimot* que requiere su llenado son las *Reshimot* de nivel 2/1 restringidas. "Restringidas" significa que no requieren recibir llenado para todo el *Partzuf*. Después de la segunda restricción tienen prohibido pedir llenado para el *Partzuf* entero. Quieren llenarse únicamente en los *Kelim Kéter, Jojmá, Biná, Jésed, Guevurá* y parte de *Tiféret* – *Kelim* que se denominan "*Galgalta ve Eynaim*" (*GE*). El lugar en el cual se terminan estos *Kelim* se denomina "*Parsá*", ahí se hace la interrupción.

Rosh de *SaG* responde a las demandas de las *Reshimot* y en lugar de hacer un *Zivug* (acoplamiento) en su *Pe*, un *Zivug* que llene todos los *Kelim*, lo hace sólo sobre una parte del *Rosh* con el objetivo de llenar únicamente los *Kelim* de *GE*. Para esto se divide el mismo *Rosh* en *GE* y *AJaP*:

- *GE* = *Kéter, Jojmá*, y la parte superior de *Biná*.

- *AJaP* = *ZaT* de *Biná, ZA* y *Maljut* (ver Diagrama N° 11).

Diagrama N° **10**

Rosh de *SaG* hace, por lo tanto, *Zivug* sobre las *Reshimot* de nivel 2/1 restringidas en *GE* de *Rosh*, en el lugar que se denomina "*Nikvei Eynaim*" (*NE-* orificios de ojos), y como resultado del *Zivug* se extiende la Luz debajo del *Tabur* y llena solamente los *Kelim* de *GE* (ver Diagrama N° 11).

Diagrama N° 11

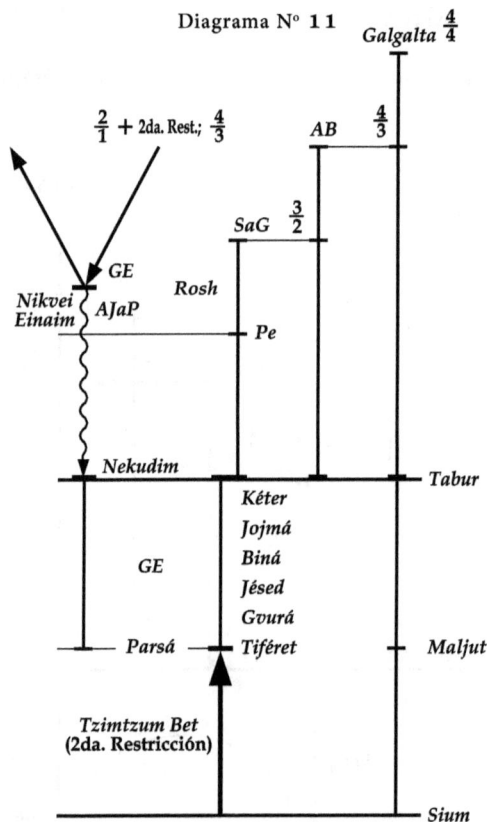

El *Partzuf* que sale de las *Reshimot* de nivel 2/1 restringidas se llama "*Partzuf Nekudim* en *Katnut* (Pequeñez)" – "*Nekudim*", debido a que sale de las *Reshimot* que quedaron del *Partzuf Nekudot* de *SaG*, y "Pequeñez" porque utiliza sólo los *Kelim* de otorgar. A pesar de ser un único *Partzuf*, se llama *Nekudim* (en plural) en representación del "Mundo", se llama así en relación al futuro, porque en el futuro ascenderá el segundo par de *Reshimot*, *Reshimot* de grado 4/3, al *Rosh* de *SaG* y se hará sobre ellos un *Zivug* de nivel completo.

La estructura del *Partzuf Nekudim* es muy especial. Se divide en tres partes:

1. *Kéter*.
2. *Jojmá* y *Biná*, que se llaman "*Aba ve Ima*" (AvI – padre y madre).
3. *Zeir Anpin* y *Maljut*, que también se denominan "*Zeir Anpin* y *Nukva*" (*ZoN*).

Como hemos visto, cualquier parte del *Partzuf*, por más pequeña que sea, la cual actúa en relación a otra parte, tiene diez *Sfirot*. También cada parte del *Partzuf Nekudim*: *Kéter*, *AvI* y *ZoN*, tiene diez *Sfirot*. Pero en cada una de las partes del *Partzuf Nekudim* y en cada una de las *Sfirot* del *Partzuf*, se trabaja solamente con las partes que pertenecen a *Galgalta ve Eynaim*. En otras palabras, en cada parte de *Nekudim* hay diez *Sfirot*, pero en él se utilizan únicamente *Kéter*, *Jojmá*, *Biná*, *Jésed*, *Guevurá* y la mitad de *Tiféret*.

Por lo tanto si diferenciamos *Kéter* de *Nekudim* entre todas las partes que trabajan y las que no lo hacen, resulta que sus *GE* trabajan, y sus *AJaP* no trabajan. Así también en *AvI* – *GE* se encuentran en acción, y *AJaP* inactivos. Y como en ellos así también en *ZoN* – sus *GE* se encuentran activos, y sus *AJaP*, que se hallan debajo de la *Parsá*, están inactivos (ver Diagrama N° 12).

Rav Michael Laitman

Diagrama Nº 12

Kéter   Tabur

GE

AvI

GE   AJaP

ZoN

GE   AJaP

Parsá

AJaP

Sium

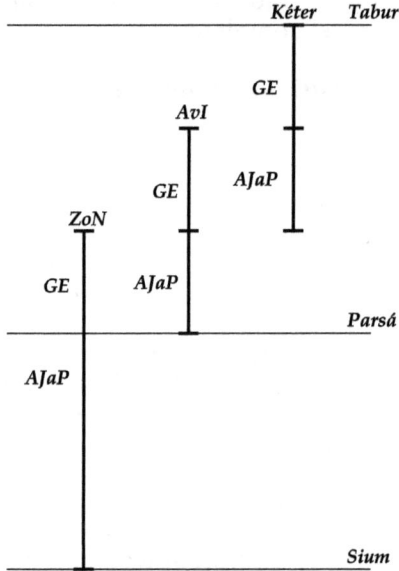

La estructura del Mundo de Nekudim en estado de pequeñez, se puede también describir así:

Diagrama No. 13

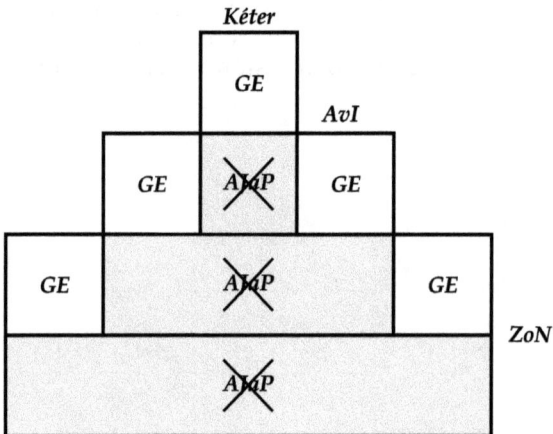

Kéter

GE

AvI

GE   AJaP   GE

GE   AJaP   GE

ZoN

AJaP

En los diagramas 11 y 12 se puede ver que en *Nekudim,* la parte inferior de cada *Partzuf* superior de *Nekudim* se encuentra dentro de la parte superior del *Partzuf* inferior. La parte inferior de *Kéter,* el *AJaP* de *Kéter,* se encuentra en la parte superior de *AvI,* en su *GE,* y el *AJaP* de *AvI* se encuentra dentro de *GE* de *ZoN.*

Esta distribución especial de los *Partzufim* de *Nekudim* provoca que se cree una conexión entre el *Partzuf* superior y el *Partzuf* inferior. La conexión entre el *Partzuf* superior y el *Partzuf* inferior continúa hasta nuestro mundo, hasta nosotros, de forma tal que también en nosotros se encuentra una parte del *Partzuf* superior.

Si la persona revela en su interior, en su *Kli* espiritual, las partes *GE* y *AJaP,* entonces dentro de su *GE* puede revelar el *AJaP* del superior. Esto es una revelación de una importancia enorme, ya que le permite a la persona asir el *AJaP* del superior y con su ayuda ascender hasta *Ein Sof* (ver Diagrama N° 14). "Hasta *Ein Sof*" significa hasta el Plan de la Creación de beneficiar a sus creados, hasta el lugar al cual el Creador quiere que lleguemos.

Diagrama N° 14

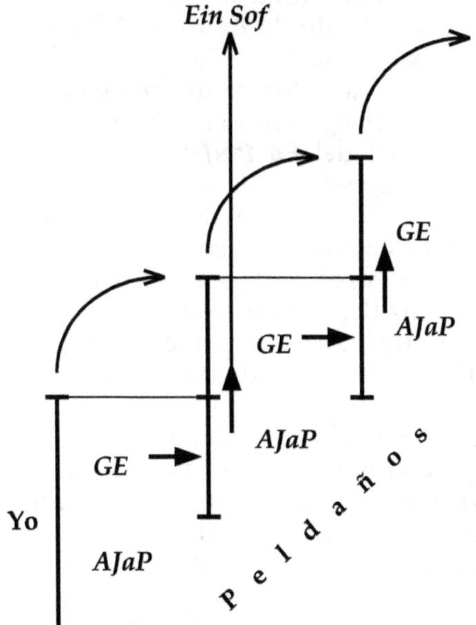

Por consiguiente se comprende que la segunda restricción, la creación de una conexión entre *Biná* y *Maljut*, es una operación de salvación para *Maljut*. La segunda restricción le permite a *Maljut* una comunicación gradual con *Biná*, con los *Partzufim* superiores; y la conexión entre *Biná* y *Maljut* le permite a *Maljut* ascender gradualmente desde su *GE* al *AJaP* del superior, y del *AJaP* al *GE* del superior, y otra vez al *AJaP* superior a éste y así sucesivamente.

Con un ascenso así por los peldaños de la escalera podremos escalar hasta *Ein Sof*.

El rompimiento de las Vasijas

Después de la salida del Mundo de *Nekudim* en pequeñez, sobre las *Reshimot* de *Biná* restringidas, sale un *Zivug* adicional y especial sobre el segundo par de *Reshimot*: *Reshimot* de nivel 4/3. Como resultado de este *Zivug* sale una "Grandeza (*Gadlut*) del Mundo de *Nekudim*". Las *Reshimot* a nivel 4/3 son las *Reshimot* de *Galgalta* que quieren con toda su intensidad recibir con el fin de otorgar, en el cuarto grado de *Aviut*. Las *Reshimot* a nivel 4/3 le piden al *Rosh* de *SaG* traerles la fuerza del *Masaj* y las Luces del llenado, y en respuesta se forma un *Zivug* en el *Rosh* de *SaG*. Como se ha dicho, el *Zivug* sobre las *Reshimot* de grado 4/3 se hace sobre todo el nivel del *Partzuf SaG*, es decir en su *Pe de Rosh* y no en "*Nikveii Eynaim*". Como resultado de este *Zivug* se extiende la Luz a *Kéter* de *Nekudim*, de *Kéter* a *AvI* y de *AvI* a *ZoN* (ver Diagrama N° 15). La Luz sigue su paso desde *GE* de *ZoN* que se hallan encima de la *Parsá*, traspasando la *Parsá* hasta el *AJaP* de *ZoN*. Cuando la Luz llega al lugar en el cual empieza la *Parsá*, los *Kelim* de *ZoN* comienzan a romperse – a perder el *Masaj* – en lo que se llama el "Rompimiento de las Vasijas".

Desde la *Parsá* y hacia abajo gobierna la segunda restricción, lo que indica que debajo de la *Parsá* no hay fuerza para recibir con el fin de otorgar. Y aquí, a pesar de la limitación de la segunda restricción, las *Reshimot* de grado 4/3 requieren de *Biná* la fuerza del *Masaj* y las Luces del llenado.

Diagrama No. 15

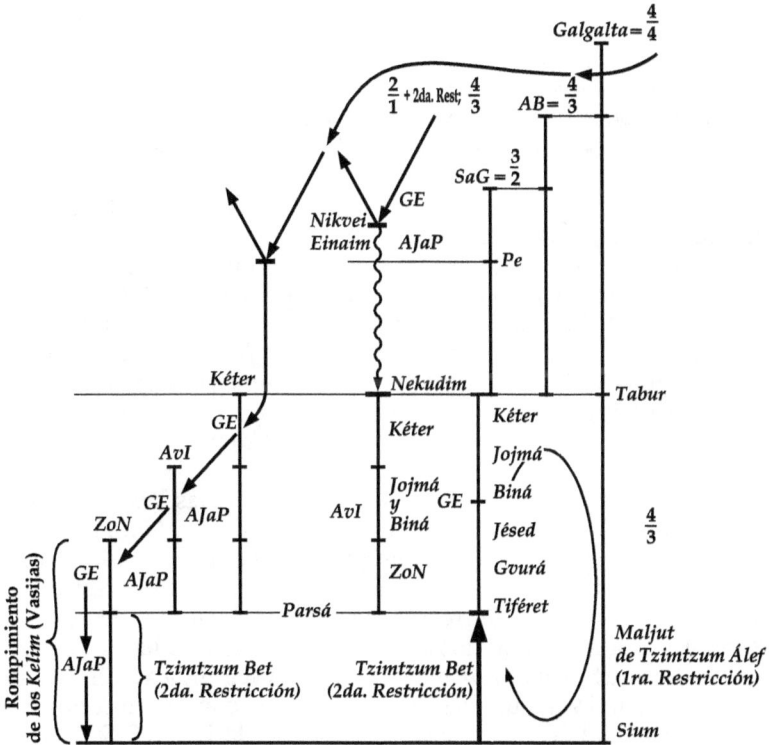

La capacidad de *Biná* de proporcionar las fuerzas del *Masaj* a *Maljut* está más allá de toda duda. De lo contrario, el Plan de la Creación, según el cual todos los deseos de *Maljut* se corregirán con el fin de otorgar no podría llevarse a cabo. Ciertamente hay en *Biná* un deseo de proveer a *Maljut* con todas las fuerzas y llenarla con todas las Luces. El asunto incluso se enraíza en el Plan de la Creación, como dicen las palabras del poeta: "El fin de la acción está en el pensamiento previo" (de la poesía "*Lejá Dodi*"). El Plan de la Creación determina, que al final de cuentas, todos los *Kelim* de *Maljut* recibirán las fuerzas del *Masaj* y podrán recibir con el fin de otorgar.

Rav Michael Laitman

Por lo tanto cuando *Biná* se expande en el nuevo *Zivug* sobre la grandeza de *Nekudim* y recibe las grandes Luces de las *Reshimot* de nivel 4/3 desde el mundo de *Ein Sof* a través de *Galgalta* y *AB*, se siente a sí misma capaz, e inclusive comprometida, a transmitir hacia abajo las Luces a *Maljut*. No obstante, las condiciones que le permiten a *Maljut* recibir con el fin de otorgar todavía no maduraron. *Maljut* aun no se entremezcló con *Biná* en la medida suficiente.

En el *Sof* de *Galgalta* se encuentra la *Maljut* restringida en *Tzimtzum Álef* (primera restricción). Ella quiere recibir con el fin de otorgar, pero no está capacitada para ello. Cuando *Nekudot* de *SaG* descienden debajo del *Tabur*, *Biná* provoca a *Maljut* para que se asemeje al Otorgante y se restringe en la segunda restricción. Después de la segunda restricción, queda en *Biná* una pequeña parte que otorga (*GE*), y en *Maljut* permanece una gran parte de recibir que fue restringida, esta parte permanece con el deseo de realizarse recibiendo con el fin de otorgar (*NeHY* de *Galgalta*).

En la extensión del mundo de *Nekudim* sobre las *Reshimot* a nivel 4/3, la situación es distinta. *Biná* se abre y otorga a *Maljut* con toda su capacidad, las fuerzas del *Masaj* y las Luces del llenado. Pero las fuerzas del *Masaj* todavía no pueden pasar debajo de la *Parsá*. En la extensión del mundo de *Nekudim* sobre las *Reshimot* de nivel 4/3, *Biná* otorga a *Maljut* en dos acciones: la primera se llama "Luz *AB-SaG*" - Luz que provee *Masaj* al inferior. La segunda acción se llama "Luz del llenado" - Luz que llena al inferior con Luz interior. Solo que con la salida de grandeza de *Nekudim,* la Luz *AB-SaG* realiza sus acciones por primera vez, y en el *Partzuf* de *Nekudim* faltan las distinciones para saber si la Luz *AB-SaG* puede o no actuar sobre todos sus *Kelim.*

Un examen verdadero será posible sólo a partir de la experiencia en la práctica. Potencialmente, es cierto que el deseo de recibir con el fin de otorgar existe en todos los *Kelim* por debajo de la *Parsá*, pero todavía se desconoce si es que realmente pueden recibir con el fin de otorgar. La *Parsá* oculta los *Kelim* de ZaT de *Biná*, y por ende es imposible saber con certeza si el deseo de recibir con el fin de otorgar existe en ellos, de hecho.

La sensación es, que verdaderamente en los hechos se lleva a cabo el deseo de recibir con el fin de otorgar. Esto es porque el deseo de *Maljut*, el deseo de *Biná* y su deseo común en el *Zivug* de *Rosh* de *SaG* son de recibir con el fin de otorgar.

Por consiguiente es comprensible porqué los *Kelim* que están debajo de la *Parsá* no supieron de antemano que no iban a poder recibir con el fin de otorgar. Su intención fue recibir con el fin de otorgar, pero en la práctica no llegó a realizarse, y los *Kelim* se rompieron – perdieron el *Masaj*.

El rompimiento de las vasijas significa la pérdida de la intención del *Masaj* – el cambio de la intención de otorgar por la de recibir. Los *Kelim Kéter* y *AvI*, los *Kelim* de *GaR*, del *Rosh*, causaron a los *Kelim* de *ZaT* la pérdida del *Masaj* y el rompimiento. En realidad es el creado quien se rompió. De hecho, ya aprendimos que *GaR* son las cualidades del Creador y *ZaT* son las cualidades del creado.

Pero las consecuencias del rompimiento no se sintetizan únicamente en la pérdida del *Masaj*. Después del rompimiento de las vasijas se despierta por primera vez en el creado el deseo de recibir para sí mismo. Hasta este evento nunca el creado había querido recibir para sí. En las cuatro fases de Luz directa, el creado recibió solamente en la primera fase, y también entonces toda la recepción fue a causa del Creador. Ciertamente también en la cuarta fase el creado recibió la Luz, pero enseguida sintió vergüenza y se restringió. La recepción de la Luz en la cuarta fase no se hizo con el conocimiento claro de que la recepción alejaría al creado del Creador. Por lo contrario, luego del rompimiento de las vasijas ya hay datos claros que indican sobre la oposición absoluta entre el creado y el Creador y a pesar de esto el creado no los toma en consideración. Después del rompimiento, el creado quiere recibir sólo para sí mismo en todos sus *Kelim*. Sin embargo, a pesar de todo lo dicho anteriormente, el rompimiento de las vasijas produce muy buenas consecuencias. Esto es porque como resultado del rompimiento se juntaron *Biná* y *Maljut* en todos los *Kelim* que están debajo de la *Parsá*, de tal manera que es imposible separarles. El *Masaj* se perdió, la intención con el fin de otorgar desapareció, y como consecuencia de esto, tanto *Biná* como *Maljut*, todos los *Kelim* que están debajo de la *Parsá*, tienen un único propósito – gozar. La intención común de todas las vasijas rotas las acerca, las une. Y la unión de *Maljut* y *Biná* es un resultado excelente.

El pensamiento sobre cómo es posible unir *Maljut* con *Biná* acompaña todo el camino del desarrollo del creado, desde las cuatro fases de Luz directa en adelante. Dicho de otro modo, de qué manera podrá *Maljut* recibir de *Biná* fuerzas de otorgamiento y adquirir la naturaleza de *Biná*. Y he aquí que como resultado del rompimiento de las vasijas, *Biná* descendió a *Maljut*. *Biná* y *Maljut* perdieron por cierto el *Masaj*, pero de este modo se unieron.

La unión entre *Biná* y *Maljut*, como resultado del rompimiento, es una unión con la intención de recibir y su significado es que ahora también la actitud del creado hacia el Creador es una actitud de abuso. Es decir, la unión entre *Biná* y *Maljut*, con la intención de recibir como resultado del rompimiento, no tiene el propósito de recibir placeres del Creador, sino que la intención del creado es disfrutar del hecho de que es precisamente el Creador quien le sirve. Esta actitud es la que se denomina "recibir para sí".

¿Cuál es la diferencia entre la recepción en la cuarta fase de las cuatro fases de Luz directa y la situación que se revela después del rompimiento de las vasijas? *Maljut* de *Ein Sof* (cuarta fase) disfruta de recibir el regalo en la primera fase y siente al Creador como el Dador del regalo en la segunda fase. En la tercera fase, ella actúa como el Creador y como resultado de esto siente cómo el Creador actúa con ella, y en la cuarta fase ella quiere tener placer de todo, tanto del obsequio como así también del Dador del obsequio. Solo que en la cuarta fase, a diferencia de lo que sucede en el rompimiento de las vasijas, se habla de la revelación de la acción de recibir por primera vez, y por lo tanto no se trata de un asunto de prohibición. "Prohibición" significa, que ya sienten los sabores y a pesar de esto transgreden la prohibición.

En el rompimiento de las vasijas, el énfasis se pone sobre el rompimiento de la intención. Ahora, luego del rompimiento, la intención es con el fin de recibir; el creado quiere que el Creador sea su servidor.

Breve Resumen

Como síntesis, repetiremos nuevamente todo el proceso de desarrollo hasta el rompimiento de las vasijas.

Del Plan de la Creación salieron cuatro fases de Luz directa – las fases *Alef*, *Bet*, *Guimel* y *Dalet*. La cuarta fase que se llama "*Maljut* de *Ein Sof*", se restringió a sí misma, y su estado, después de la restricción, se llama "Mundo de la Restricción" (*Olam haTzimtzum*). Después de la restricción comenzó

Maljut a trabajar con el *Masaj* y dio a luz a los cinco *Partzufim* del Mundo de *Adam Kadmón*. Con la salida de los cinco *Partzufim* del Mundo de *Adam Kadmón* se llenó *Maljut* a sí misma sólo en su parte superior, hasta el *Tabur*.

En la siguiente etapa del proceso irrumpe *Maljut* de *Ein Sof* debajo del *Tabur*, y santifica ahí una parte de la *Maljut* (que se halla debajo del *Tabur*) con las cualidades de *Biná*. En la parte restante provoca el rompimiento. El límite entre estas dos partes que están por debajo del *Tabur* es la *Parsá* (ver Diagrama N° 16). Con la salida de los cinco *Partzufim AK* se llena *Maljut* de *Ein Sof* hasta el *Tabur*, y con el descenso de *Biná* debajo del *Tabur* se llena *Maljut* de *Ein Sof* hasta la *Parsá*.

Resulta que después del rompimiento de las vasijas, todavía falta llenado en la parte de los *Kelim* rotos, debajo de la *Parsá*. Si bien los *Kelim* están rotos, pero el rompimiento posibilitó la unión entre *Maljut* y *Biná*. Y en la medida que *Biná* se corrija a sí misma, y después de corregirse corrija a *Maljut* con sus cualidades – con la intención de otorgar – será posible llenar la parte restante de *Maljut*. El llenado de la parte que queda de *Maljut* significa el fin de la corrección, la corrección de toda la *Maljut* de *Ein Sof* con el fin de otorgar.

Toda la información presentada en los libros de Cabalá desde el rompimiento de las vasijas en adelante se llama, de manera general, "Mundo de la Corrección". Si la parte rota alcanza la corrección y se llena de Luz, llegará a consumarse el Plan de la Creación.

Diagrama N°. 16

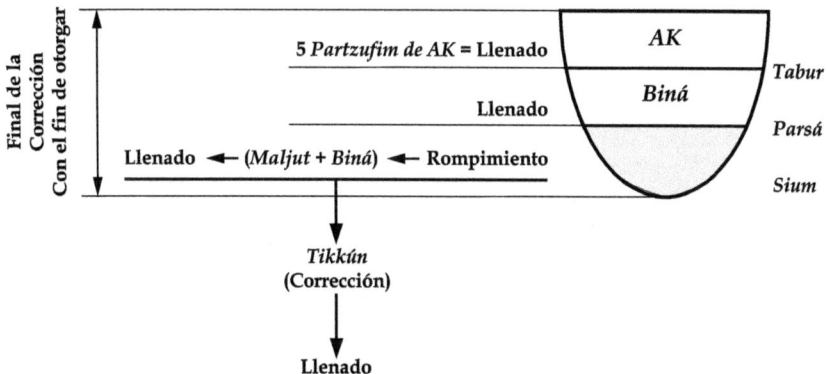

103

CUARTA PARTE

¿Cómo se llevan a cabo las correcciones?

A fin de corregir al creado por medio de la equivalencia de forma con el Creador hay que ligar la cualidad de otorgamiento a la *Maljut*. Esta *Maljut* conoce solamente una cosa – recibir y disfrutar. Si *Maljut* entendiese qué significa el otorgamiento, ella podría llevar sobre sí un *Masaj* (pantalla); es decir, la intención con el fin de otorgar, y este *Masaj* le permitiría recibir para otorgar al Creador.

La acción que realiza con el *Masaj* es llamada "recibir con el propósito de otorgar". El creado no necesita más que esto y tampoco es capaz de más. Al fin y al cabo el creado es el receptor y no tiene la posibilidad de dar. Todo lo que el creado puede hacer es querer satisfacer a los demás mediante la acción de recepción.

Por consiguiente, en nuestro mundo, la realidad del hombre se encuentra en el cuerpo, donde aparentemente tiene la posibilidad de dar. Él puede tomar algo y darlo hacia afuera. Esta acción se la denomina "Entrega", pero si nos referiremos al *Kli* interno de la

Rav Michael Laitman

persona, a su esencia despojada de las vestimentas del cuerpo, al alma solamente, vemos que el alma de la persona sabe solamente recibir. El cuerpo engaña a la persona haciéndole pensar que puede dar, aunque en realidad la persona entrega algo, dado que en el interior de su alma está segura que la entrega le traerá beneficio. No hay otra posibilidad. La naturaleza del creado es disfrutar; recibir deleite y placer.

Al ser así, la pregunta es: ¿Cómo es posible adquirir la intención con el fin de otorgar? ¿Cómo puede una persona usar la acción de recepción para provocar placer al prójimo? ¿Cómo es posible que el placer esté desconectado de la persona de manera absoluta sin ninguna conexión consigo misma, sin ninguna intención de ganancia, así sea de forma indirecta?

La adquisición de la intención con el fin de otorgar es posible solamente por medio de la "Luz que reforma". Dicha Luz es, en realidad, un milagro. Es una Fuerza Superior especial que también es denominada con el nombre de "*Torá*"; acerca de esta fuerza está dicho: "La Luz en Ella (la *Torá*) lo reforma" (*Eijá Rabá Ptijata*, ítem 2). La persona adquiere la intención de otorgamiento como resultado del estudio de la "*Torá*". Si estudia con la intención de atraer sobre sí la Luz que corrige, adquiere *Kelim de Ashpaá* (Vasijas de Otorgamiento), y su estudio es llamado "Estudio de *Torá*", pero si ella estudia para contraer otras ganancias, como por ejemplo el honor, dinero, conocimiento; si estudia para ser considerada una persona justa o para ser reconocida como un gran maestro espiritual, entonces su estudio no es determinado como "Estudio de *Torá*".

En otras palabras, el estudio que no está dirigido a la corrección de la naturaleza del hombre, de recibimiento a otorgamiento, no se considera "estudio de Torá".

Pero ¿cómo podríamos decir que la Luz que llega al deseo de recibir causará su corrección? Si el deseo de recibir solamente es capaz de entender que es bueno recibir; entonces, ¿cómo comprenderá qué es la Luz que reforma?

Indudablemente, para que la Luz pueda corregir el deseo, se necesita una preparación de parte del deseo de recibir. La corrección del deseo de recibir requiere de la presencia de los *Nitzotzot* (chispas) de otorgamiento en su interior (ver Diagrama N° 1). Si los *Nitzotzot* de otorgamiento se encontrasen en él, la Luz Superior podría trabajar sobre ellas.

La Luz no puede actuar sobre el mismo deseo de recibir, ya que el deseo de recibir no podrá sentir la Luz como "Luz que reforma", como correctora, porque el deseo de recibir entiende solamente el placer o la carencia de placer, el llenado o su falta, pero a diferencia del deseo de recibir, las chispas de otorgamiento sienten la Luz como otorgante. Estas sienten el atributo de otorgamiento que está en ella y pueden empezar a asemejarse a ella; es decir, corregirse a sí mismas.

La corrección de las chispas de otorgamiento provoca la corrección del deseo de recibir que se encuentra a su alrededor. Al principio la Luz llega y corrige las chispas de otorgamiento y luego, las chispas de otorgamiento corrigen el deseo general en el que se incluyen.

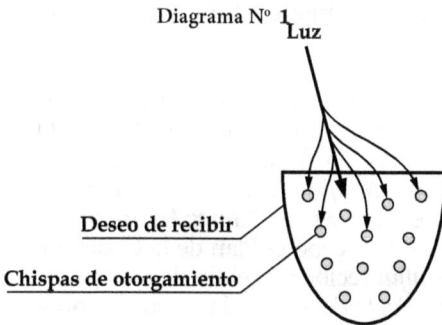

Diagrama N° 1

Deseo de recibir

Chispas de otorgamiento

Según lo que se dijo anteriormente, la Luz llega por medio del "Estudio de *Torá*". Este estudio significa el estudio de la sabiduría de la Cabalá. En la **Introducción al Talmud de la Diez Sfirot**, Baal HaSulam expone, que la sabiduría de la Cabalá, la cual explica el asunto de las correcciones internas en las almas, despierta las Luces circundantes en una forma beneficiosa y más poderosa. Por eso, el estudio de la sabiduría de la Cabalá es preferible a cualquier otro estudio. El estudio de otros libros sagrados puede servir para invocar las Luces circundantes. En las generaciones anteriores, desde la destrucción del Templo y los subsiguientes años de exilio, mientras el deseo de recibir era pequeño, era posible también invocar la Luz que reforma por medio el estudio del *Jumash*[1] y el *Talmud*[2]. Mas en los tiempos del exilio, y como resultado de la inclusión de Israel en las naciones del mundo, el deseo de recibir se intensificó, y actualmente llegó a proporciones en las que solamente por medio de la sabiduría de la Cabalá es posible invocar la Luz que reforma en la medida suficiente como para corregir a la persona. Baal HaSulam amplia este tema en la **Introducción al Talmud de las Diez Sfirot.**

¿Cómo se lleva a cabo la corrección? A fin de que podamos responder a esta pregunta, debemos estudiar el rompimiento de los Mundos y sus correcciones. Como habíamos dicho, el propósito del rompimiento es unir a *Biná* y *Maljut* juntas a fin de posibilitar a *Maljut* que se corrija por medio de *Biná*.

Un breve repaso

Repasaremos brevemente el desarrollo del proceso desde su comienzo.

Maljut fue creada en la cuarta fase *de* la Luz directa, restringiéndose en *Tzimtzum Álef* (primera restricción). Luego del *Tzimtzum, Maljut* aplica sobre sí un *Masaj* y decide recibir solamente con el fin de otorgar al Creador. Cuando *Maljut* pueda recibir para otorgarle a Él con toda la fuerza de su deseo, ese será el *"Gmar HaTikún"* (fin de la corrección), con lo cual se llevará a cabo el Plan de la Creación.La primera porción de la Luz que *Maljut* recibe con el fin de otorgar es llamada *"Partzuf de Galgalta".* Dicho *Partzuf* recibe la Luz con el propósito de otorgar sobre los *Reshimot* 4/4. La Luz que se extiende en el *Partzuf* desde el *Pe* hasta el *Tabur* es llamada *"Or Pnimí"* (Luz interior), en contraste a la parte del *Partzuf* que va desde el *Tabur* hasta el *Sium*, la parte en la que la *Maljut* no puede recibir la Luz, allí queda *"Or Makif"* (Luz circundante). El 100% de la Luz directa es atraída hacia *Maljut*. Una parte de esta Luz es aceptada como Luz interna, y otra parte no es aceptada. En la Luz interna, se llena desde el *Pe* hasta el *Tabur*, en tanto que en la parte que no tiene la posibilidad de recibir Luz y que va desde el *Tabur* hasta el *Sium*, permanece vacía. De la misma manera recibe la Luz en el *Partzuf AB* sobre los *Reshimot* 4/3, y en el *Partzuf SaG* sobre los *Reshimot* 3/2.

---

1 (N. del T.): Nombre que se le da a los cinco libros de Moisés, Pentateuco

2 (N. del T.): Libro de sabiduría hebrea que recopila las enseñanzas de los sabios judíos. Contiene la *Mishná, Guemará y Tosefta*, libros de sabiduría cabalística que fueron interpretados por los grandes maestros de los primeros siglos de la era común.

En la salida de *Nekudot de SaG,* el *Masaj* llega por medio de su purificación a los *Reshimot* 2/2, en los que *Biná* está limpia. Por tal razón, las *Nekudot de SaG* pueden descender por debajo del *Tabur,* llenar a *Galgalta* con Luz de *Jasadim* para mezclarse con *Galgalta* por medio de ella. El *Masaj* en *Nekudot de SaG* es el *Masaj* sobre el grado 2 *de Aviut,* en tanto que el *Masaj* en *Galgalta* está sobre el grado 4 *de Aviut.* El *Aviut* en la cuarta fase de *Galgalta* otorga sobre *Biná,* en la cual el *Aviut* se encuentra en la segunda fase, restringiendo a *Biná* (ver Diagrama N° 2).Los *Kelim* de *Nekudot de SaG* se dividen en diez *Sfirot*: *KaJaB, JaGaT, NeHYM.* El *Tzimtzum* en *Biná* se lleva a cabo en el punto medio de *Tiféret* de *Nekudot de SaG,* en el lugar en el cual se terminan los *Kelim* de otorgamiento y empiezan los *Kelim* de recepción. La cuarta fase se elevó hacia el punto medio de *Tiféret* de *Nekudot de SaG* y restringió a los *Kelim* de recepción, los cuales son la mitad de *Tiféret, Nétzaj, Hod, Yesod* y, *Maljut.*

En la segunda restricción se hizo un lugar para los mundos futuros para que continúen su desarrollo. En el lugar donde se encuentran los *Kelim Galgalta y Eynaim* surgió el "Mundo de *Atzilut*", y del lugar de *AJaP* salieron los Mundos de *BYA –Briá, Yetzirá, Asiyá*: el lugar de *Ozen* es "el lugar del mundo de Briá"; el lugar de *Jótem* es "el lugar del mundo de *Yetzirá*"; y, el lugar en el cual se establece *Maljut* es "el lugar del mundo de *Asiyá*" (ver diagrama N° 3)

El límite que divide entre los mundos de *BYA* y *Atzilut,* entre los *Kelim* de recepción y los *Kelim* de otorgamiento, es llamado "*Parsá*". Los *Kelim* de recepción que generalmente son denominados como "*Maljut*" se encuentran por debajo del *Parsá,* mientras que los *Kelim* de otorgamiento que son denominados generalmente como "*Biná*", se encuentran por sobre el *Parsá.*

En el *Partzuf Nekudot de SaG,* restringido por el segundo *Tzimtzum, Biná* y *Maljut* están juntas, y de aquí se origina su unicidad. Antes del segundo *Tzimtzum,* estos dos *Partzufim*: el de SaG y el de *NeHY de Galgalta,* eran diferentes; siendo *Nekudot de SaG* el *Partzuf de Biná*; es decir, la cualidad del Creador; y *NeHY de Galgalta* el *Partzuf de Maljut*; es decir, la cualidad del creado. Ahora, luego del segundo *Tzimtzum, Biná* y *Maljut* se encuentran en un solo *Partzuf,* donde la mitad superior de la *Biná* común permanece por sobre el *Parsá* con las cualidades de *Biná*, en tanto que la parte inferior recibió para sí las cualidades de *Maljut*.

Diagrama Nº 2

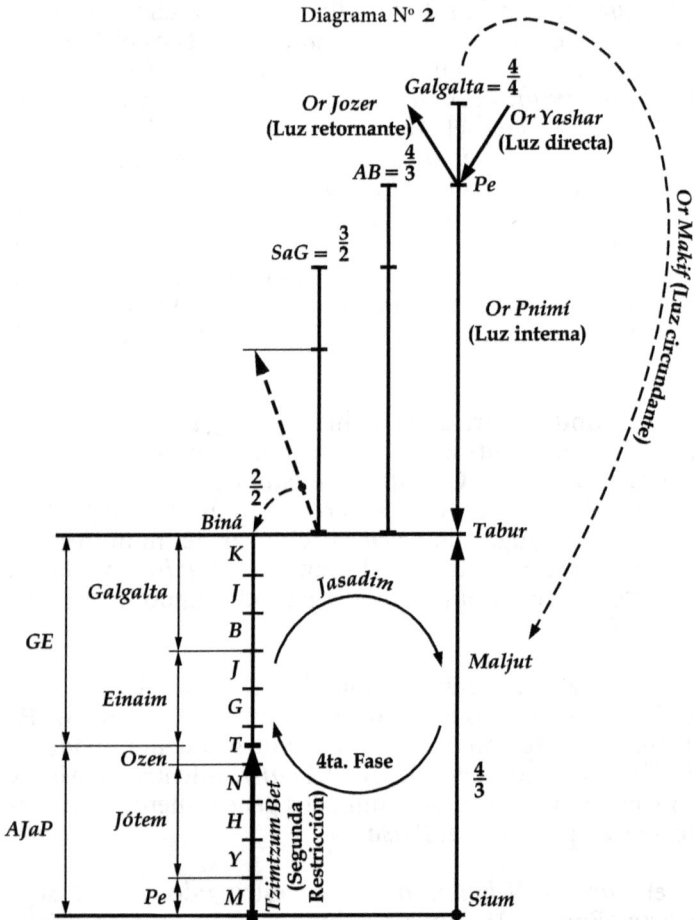

El segundo *Tzimtzum* es una acción especial en *Biná*. Como resultado de ella se produce una unión entre las cualidades del Creador con las cualidades del creado en un solo *Partzuf*. No obstante el *Parsá* separa entre las dos partes del *Partzuf*; es decir, las dos partes son opuestas una a la otra y no están conectadas; de todas maneras estas se encuentran en un solo *Partzuf*.

Diagrama N° 3

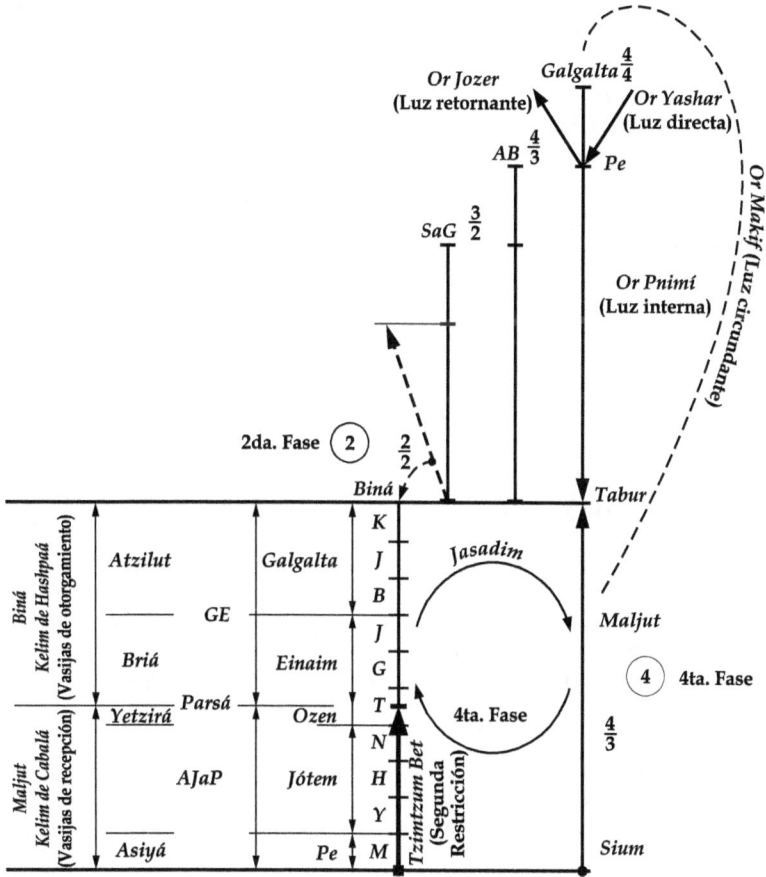

La presencia de *Maljut* y *Biná* juntas en un solo *Partzuf* se hace posible gracias a la restricción de los *Kelim* de recepción. Estos *Kelim* por debajo del *Parsá* estan "silenciosos" y no trabajan, solamente sienten las cualidades de *Biná*; mientras que no sienten las cualidades de *Maljut*. Sin embargo siguen existiendo dentro del *Toj del Partzuf*; ¿a favor de qué? - del futuro.

Rav Michael Laitman

Debido a la presencia de *Biná* y *Maljut* juntas en un solo *Partzuf* y como consecuencia de acciones adicionales, se posibilitará la continuación del proceso de unión entre el creado y el Creador, lo cual por ahora no sucede. No obstante ellos, por ahora, por lo menos se encuentran con un mismo propósito, en un *Partzuf*.

¿Cómo dirigirá ahora el Plan de la Creación al creado a que reciba de hecho las cualidades del Creador a fin de asemejarse a Él? Las chispas de *Biná* están designadas a entremezclarse con el creado siendo estas las que ayuden al creado para que ponga sobre sí un *Masaj*. Esta mezcla ocurre en el próximo peldaño de desarrollo, en la salida del "Mundo de *Nekudim*".

Luego del *Tzimtzum Bet*, las *Nekudot de SaG* suben al *Pe de Rosh de SaG* con los *Reshimot* 2/1 restringidos en el *Tzimtzum Bet*, llevando a cabo un *Zivug* (acoplamiento). Este *Zivug* sobre los *Reshimot* 2/1 restringidos se genera solamente sobre *Galgalta y Eynaim*, solo sobre el lugar en el cual está permitido recibir.

A fin de prevenir la expansión de la Luz por debajo del *Parsá*, SaG hace un *Zivug* sobre los *Reshimot* 2/1 restringidos en el lugar que es llamado "*Nikveii Eynaim*" (*NE*). Es decir, el *Zivug* sobre los *Reshimot* 2/1 restringidos en el *Tzimtzum Bet* no se hacen sobre las diez *Sfirot*. En el supuesto caso de que realicen el *Zivug* sobre todas las diez *Sefirot*, estas detienen el *Masaj* en *Pe de Rosh*, habiéndose extendido la Luz también en el lugar restringido, el cual está prohibido para la recepción, debajo del *Parsá*. Es por eso que el *Zivug* se hizo en *Nikveii Eynaim*, con lo cual la Luz se extiende solamente en el lugar en que está permitido; es decir, desde el *Tabur* hasta el *Parsá*, y como consecuencia, el nuevo *Partzuf* que sale sobre este *Zivug* es llamado "*Nekudim*". El nombre del *Partzuf Nekudim* es un indicativo de su salida luego de la salida del *Partzuf Nekudot de SaG*.

El *Partzuf Nekudim* incluye en su interior tres partes:

• Kéter

• Jojmá y Biná, llamados *AvI* (*Aba ve Ima* – padre y madre)

• ZoN – *Zeir Anpin* y *Nukva*

Diagrama N° 4

$\frac{2}{1}$ + 2da. Restricción

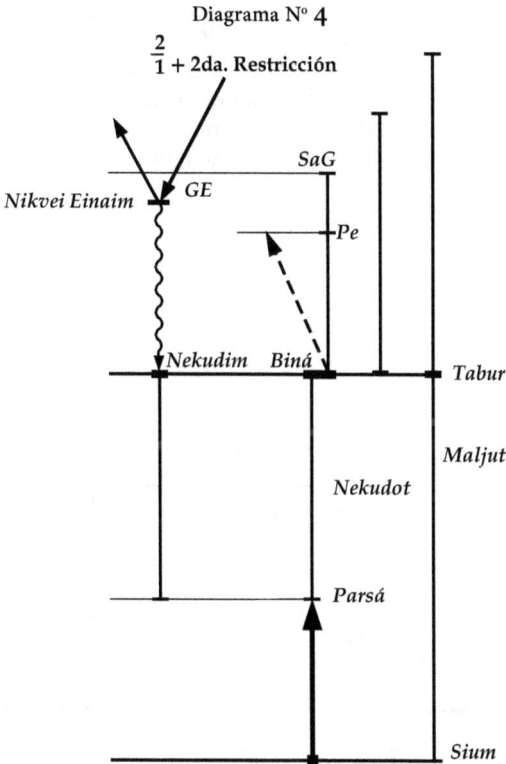

Como en cualquier otro *Partzuf,* también en el *Partzuf Nekudim* hay diez *Sfirot: Kéter* , *Jojmá, Biná,* las seis *Sfirot* de *Zeir Anpin* y *Nukva.* Pero la unicidad del *Partzuf Nekudim* está en que todas sus partes y sus Sfirot son activadas únicamente en *GE* (*Galgalta y Eynaim*). Es decir, solamente en la mitad de sus *Kelim* (vasijas) (ver Diagrama N° 5)

Adicionalmente a los *Reshimot* 2/1 restringidos, ascendieron al *Rosh de SaG* los *Reshimot* 4/3, y luego del *Zivug* sobre los *Reshimot* 2/1 restringidos también se hizo sobre ellos un *Zivug.* Para hacer el *Zivug* sobre los *Reshimot* 4/3, SaG hace descender el *Masaj* desde *Nikveii Eynaim* de vuelta hacia *Pe.* Los *Reshimot* 4/3 muestran, que la Luz necesita extenderse también en la parte que se encuentra por debajo del *Parsá*; por eso el *Masaj* baja al *Pe*, y *SaG* hace un *Zivug* sobre todo el *Partzuf* (ver Diagrama N° 6).Como resultado de

Rav Michael Laitman

este *Zivug,* la Luz se extiende por todo el *Partzuf,* por encima y por debajo del *Parsá,* y debido a que el *Zivug* se hizo sobre el nivel del *Partzuf,* aparecen diez *Sfirot* en *Kéter de Nekudim,* en *AvI* y en *ZoN.* *Galgalta y Eynaim de ZoN,* los cuales se encuentran sobre el *Parsá,* se conectan con su *AJaP,* el cual se encuentra debajo del *Parsá. ZoN* se extienden por debajo del *Parsá* y se rompen.

Diagrama Nº 5

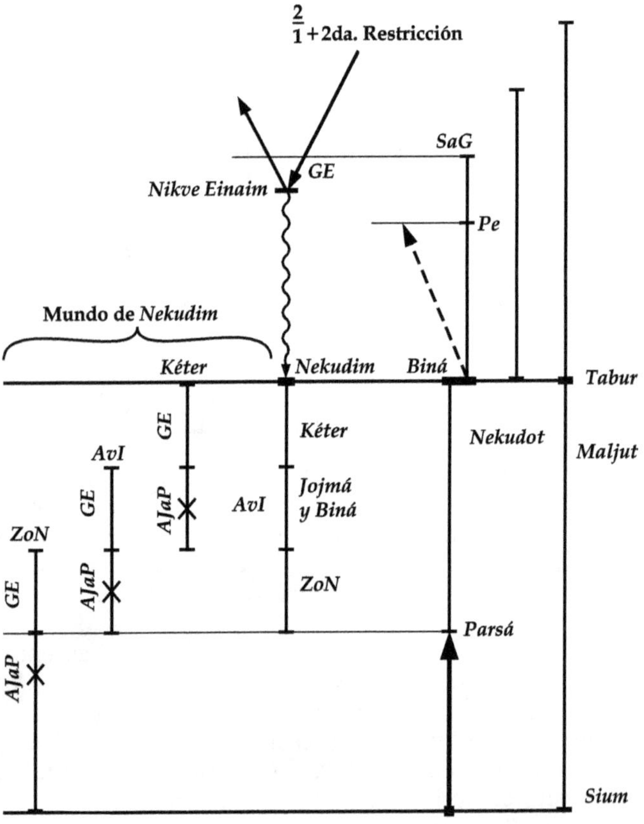

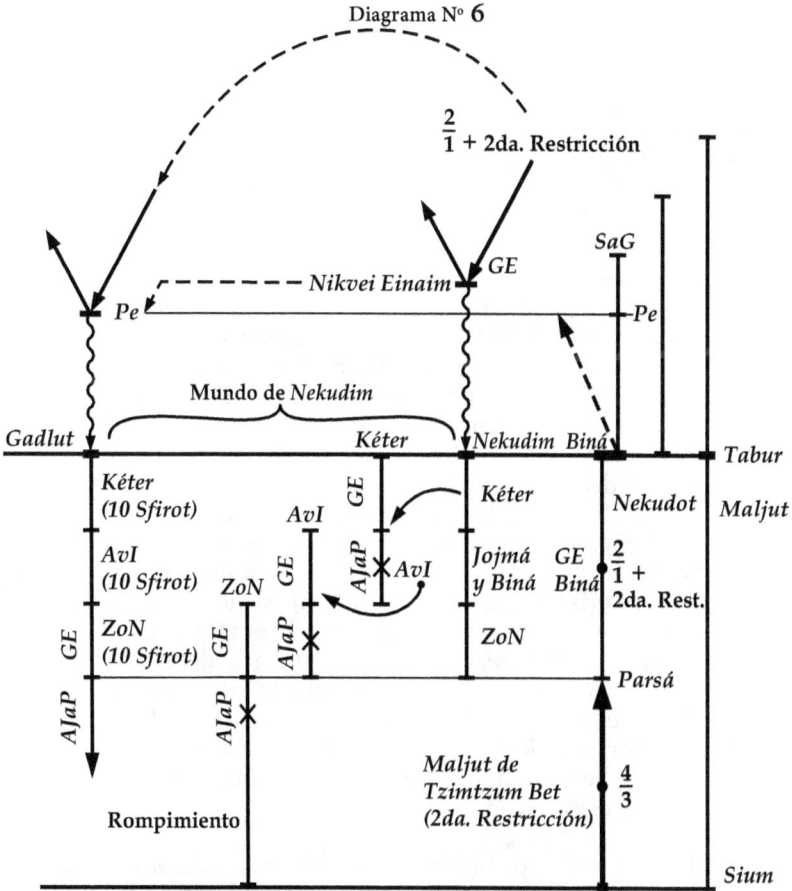

Diagrama N° 6

$\frac{2}{1}$ + 2da. Restricción

Los resultados del rompimiento y su beneficio

En el rompimiento de los *Kelim*, *GE* se mezcló con el *AJaP* y el *AJaP* con *GE*, de tal manera que luego del rompimiento es posible encontrar cuatro tipos de *Kelim*:

1. *GE* puros,

2. *AJaP* puros,

3. *GE* mezclado con *AJaP*

4. *AJaP* mezclado con *GE*.

En el descenso de *Nekudot de SaG* por debajo del *Tabur* quedan *Biná* y *Maljut* separadas una de la otra: *Biná* en el *Partzuf* de *Nekudot* y *Maljut* en *NeHY de Galgalta*. En el *Tzimtzum Bet* se encuentran dos cualidades, *Biná* y *Maljut*, en un solo *Partzuf*, sin embargo *Maljut* estuvo restringida. En el siguiente peldaño salió el Mundo de *Nekudim* en pequeñez solamente sobre las cualidades de *Biná*, mientras que *Maljut* permaneció oculta en su interior. Como resultado del *Zivug* sobre los *Reshimot* 4/3 en el *Rosh* de *SaG* salió el *Partzuf ZoN de Nekudim* con diez *Sefirot*. En este *Partzuf*, *Biná* y *Maljut* trabajan juntas, pero como resultado de su trabajo común se produce el rompimiento. *Maljut* y *Biná* se rompen juntas y se incluyen una en la otra.

El beneficio del rompimiento se manifiesta a través de la unión entre *Biná* y *Maljut*, entre las cualidades del Creador y las cualidades del creado. Luego del rompimiento de los *Kelim* se entremezclan *Biná* y *Maljut* hasta el último detalle; es decir, en cada una de las *Sfirot*, en cada *Sfirá* particular, en cada *Sfirá* particular de particular, y así sucesivamente. Resulta, que luego del rompimiento no existe un solo detalle en la Creación que no incluya dentro de sí una "fuerza de atracción" y una "fuerza de rechazo": incidiendo desde la Divinidad que es llamada *Biná* hasta este mundo y toda la materia que se encuentra en él. El rompimiento provocó que en cada tipo de materia se hallen dos fuerzas, atracción y repulsión, y las mismas hacen posible su existencia.

Maljut no tiene la posibilidad de asegurar su existencia por sus propias fuerzas. *Maljut* es "Polvo" y para procrearse necesita de la fuerza de *Biná*. La procreación y el desarrollo que hay en el mundo, se producen por medio de la fuerza de *Biná*, mediante la fuerza de entrega. Mediante una sola fuerza es imposible hacer algo, siempre actúan dos fuerzas en cada cosa y en cada movimiento o cambio (el cambio es una señal del desarrollo). La inclusión de *Biná* y *Maljut* continúa a lo largo de toda la Creación, desde el Mundo de *Nekudim* hasta su final. Esta inclusión es la que hace posible que *Maljut* se desarrolle.

Como resultado del rompimiento se descubre una ganancia adicional. Antes del rompimiento, *Biná*; es decir la Divinidad, y *Maljut*, el creado, estuvieron desconectados. Su unificación trajo la la inclusion de *Maljut* con *Biná* y viceversa. Gracias a la inclusión de las dos; una en la otra, penetraron en el creado los *Nitzotzim* (chispas) de otorgamiento del Creador, y Él se incluyó de las carencias del creado. Gracias a la inclusión de *Maljut* y *Biná*, el Creador entiende al creado (ver diagrama N° 7)

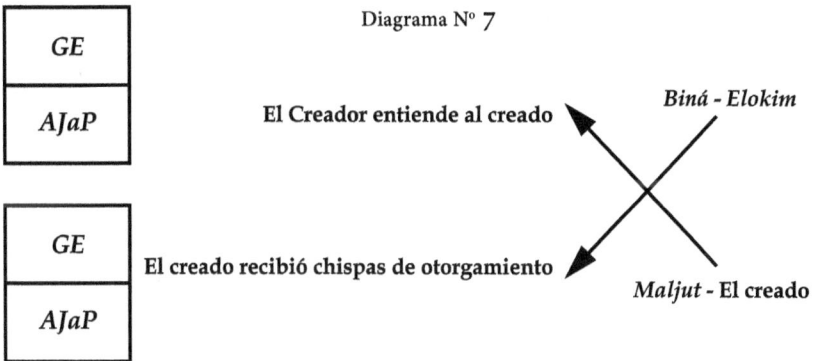

Diagrama N° 7

GE
AJaP

El Creador entiende al creado

Biná - Elokim

GE
AJaP

El creado recibió chispas de otorgamiento

Maljut - El creado

Luego del rompimiento de los *Kelim*, tanto el Creador como el creado están compuestos de *GE* y de *AJaP*. *GE* en *Biná* son el Creador, y su *AJaP* son la parte del creado, *GE* en el creado son el Creador, y su *AJaP* es la parte del creado que se encuentra en él.

El *AJaP* de *Biná* es usado como una especie de matriz, como un sistema de amamantamiento y cuidado de un bebé, en el creado. El Superior debe conocer las necesidades del creado al momento de su desarrollo a fin de establecer sistemas apropiados para las necesidades del creado. Por lo cual es mandatorio que el Creador incluya al creado. *Biná*, la cual también se denomina "*Ima*" (Madre), debe incluir en su interior esta parte, la cual es denominada "*Réjem*" (matriz/vientre). Esto se hace posible gracias al rompimiento de los *Kelim*.

Al igual que *Biná*, resulta que *Maljut* también se beneficia del rompimiento de los *Kelim*. Gracias al rompimiento, *Maljut* recibe los *Kelim* de *Biná*. En relación a aquellos *Kelim*, *Maljut* podrá entender qué es la cualidad de otorgamiento, y como consecuencia de esto corregirse a sí misma. *GE* en el creado son otorgamiento puro, mientras que la parte del *AJaP* que está en él, es completamente receptivo. Al integrarse juntas posibilitarán en el futuro la recepción con el propósito de otorgar. Por ahora la recepción con el fin de otorgar no es posible, si embargo con el rompimiento de los *Kelim* se establecen los fundamentos requeridos para ser usados en el futuro. Sin el rompimiento no sería posible el *Tikún* (Corrección).

Ahora continuemos con la descripción de los resultados del rompimiento.

Diagrama No. **8**

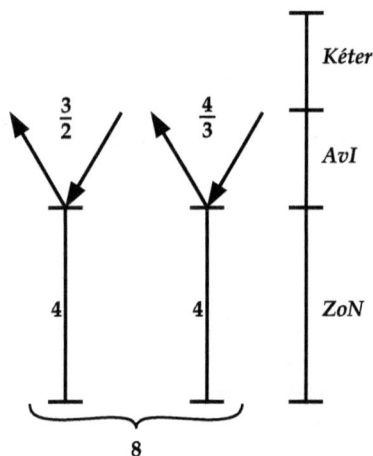

$$ShaJ = 320 = 10 \times 32 = 4 \times 8$$

El Mundo de *Nekudim* está compuesto de *Kéter*, *AvI* y, *ZoN*. Los dos *Zivuguim* (acoplamientos) en *Pe de AvI* trajeron el rompimiento de *ZoN*: el *Zivug* sobre los *Reshimot* 4/3 y luego de esto el *Zivug* sobre los *Reshimot* 3/2. Aquellos dos *Zivuguim* en *Pe de AvI* son el aspecto de los dos desarrollos dentro del deseo de recibir, en que cada uno de ellos incluye un *HaVaYaH* completo; es decir, los cuatro grados de *Aviut* (espesor) (ver Diagrama N° 8). Dado a que todas las partes de los dos *Zivuguim* son ocho y cada una de estas ocho partes también están incluidas de los cuatro grados de *Aviut*, en total, las partes en los dos *Zivuguim* es 32. Estas 32 partes son 32 canales, que cada uno está incluido de diez *Sfirot* entonces resulta que finalmente existen 320 partes rotas; que en *Guematria*[3] equivalen a *ShaJ*, 320 *Kelim* rotos.

Estos *Kelim* rotos están divididos en las nueve primeras *Sfirot* de *Maljut*. que representan las cualidades del Creador, en tanto que la *Maljut* es la cualidad del creado. Debido a que cada *Sfirá* en la estructura de los *Kelim* rotos se divide en 32 partes, las nueve primeras *Sfirot* incluyen 288 partes, las cuales en la cuenta de *Guematria* son *RaPaJ*. De acuerdo a esta misma cuenta, *Maljut*, la cualidad del creado, incluye 32 partes, las misma que en *Guematria* equivalen a *LeV* (corazón) (ver Diagrama N° 9). Por lo tanto *Maljut* es denominada *"Lev HaÉven"* (corazón de piedra). Los nombres *"ShaJ"*, *"RaPaJ"* y, *"Lev HaÉven"* son citados muchas veces dentro de los libros de Cabalá por lo que conviene memorizarlos.

Diagrama No. 9

Las *ShaJ* (320) partes
que se rompieron

32 x 9 = 288 = *RaPaJ* - Es posible de corregir | 9

32 x 1 = *LeV* (corazón) - Imposible de corregir | *Maljut*

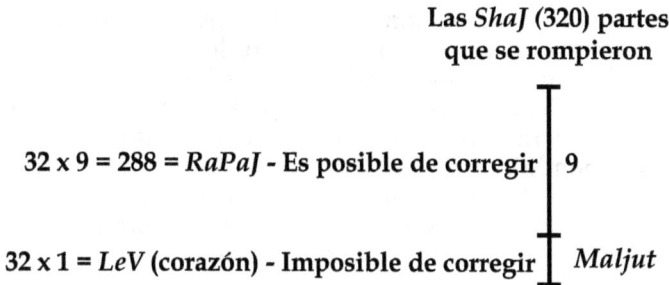

La sabiduría de la Cabalá nos enseña que "el general y el particular son iguales". Por eso en cada *Kli* (vasija), así como en todas las partes del *Kli* y en el *Kli* entero, existen 320 partes; es decir, 320 partes rotas. *RaPaJ* (288)partes dentro de las *ShaJ* (320) partes rotas son entregadas para la corrección, en tanto que el *Lev HaÉven* es imposible corregir.

3 Sistema de registro que utilizan los sabios cabalistas en relación al valor numérico de las letras del Alefato hebreo. En este caso ך"ש –*ShaJ*; es decir, las letras ש (*Shin*) y ך (*Kaf*) equivalen a 300 y 20 correspondientemente, dando como resultado la suma 320.

Rav Michael Laitman

Cometeríamos un error si pensaramos que el *Lev HaÉven* es una parte pequeña; al contrario, *Lev HaÉven* incluye dentro de sí partes muy grandes, pues este comprende los grandes deseos de recibir naturales que el Creador creó; es decir, la verdadera *Maljut*. Este está conectado en una forma categórica con el punto de *"Yesh MeAin"* (existencia de la ausencia), hasta no ser capaz de incluirse con ninguna parte correspondiente a *Biná* o entender la mezcla con ella.

El Mundo de Atzilut - El Mundo de la Corrección

Kéter y *AvI* estan en *Rosh* del Mundo de *Nekudim*. El *Guf* (cuerpo) del Mundo de *Nekudim* es *ZoN*. La parte que se rompió en el rompimiento de los *Kelim* es *ZoN*, el *Guf de Nekudim*. Luego del rompimiento, todos los *Rehimot* suben del Mundo de *Nekudim* hacia el *Rosh de SaG*, ya que este es la *Biná* general; es decir, la *Biná* que ejecuta todas las acciones.

El mundo de *Nekudim* se extiende sobre los *Reshimot* 2/1 restringidos en el *Tzimtzum Bet* y sobre los *Reshimot* 4/3. Es por eso que ahora, luego del rompimiento, los *Reshimot* 1/*Shóresh* restringidos suben del mundo de *Nekudim* hacia el *Rosh de SaG* en el *Tzimtzum Bet* además de los *Reshimot* 4/3. Sobre los *Reshimot* 1/*Shóresh* restringidos se hace un *Zivug de Akaá* (acoplamiento de golpe), siendo el lugar del *Zivug* en *Aviut Shóresh* del *Rosh* (ver Diagrama N° 10). Como resultado del *Zivug*, la Luz se extiende al lugar que le está permitido, es decir desde el *Tabur* hasta el *Parsá*, y nacen los *Partzufim* del Mundo de *Atzilut*.

El primer *Partzuf* que se extiende como resultado de este *Zivug* es llamado *"Átik"*, el mismo que aclara y adjunta para sí a *GE de Kéter de Nekudim* (ver Diagrama N° 10), cuyo nombre demuestra haber sido alejado de nuestro alcance. En tanto que el *AJaP de Kéter de Nekudim*, el cual se encuentra dentro de *GE de AvI de Nekudim*, purifica el *Partzuf* siguiente que sale en *Atzilut*, el cual es llamado *"Arij Anpin"* (*AA*). *"Arij Anpin"* significa "rostro alargado". *"Panim"* (rostro) significa sabiduría. Por consiguiente *Arij Anpin* viene a ser un *Partzuf* grande, largo. *GE de AvI de Nekudim* purifica el *Partzuf AvI de Atzilut*, y el *AJaP de AvI de Nekudim* purifica el *Partzuf* llamado *"Israel Saba veTevuná"* (*YeShSuT*) *de Atzilut*. *GE de ZoN de Nekudim* purifica el *Partzuf ZoN de Atzilut*.

Diagrama N° 10

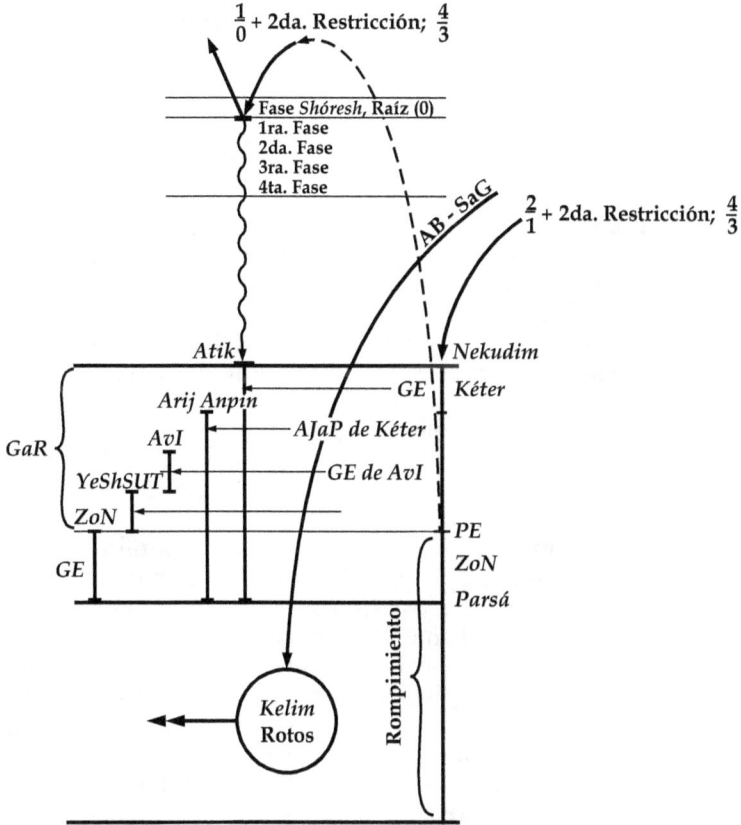

$\frac{1}{0}$ + 2da. Restricción; $\frac{4}{3}$

Fase *Shóresh*, Raíz (0)
1ra. Fase
2da. Fase
3ra. Fase
4ta. Fase

AB-SaG

$\frac{2}{1}$ + 2da. Restricción; $\frac{4}{3}$

Atik

Arij Anpin

GE

Nekudim

Kéter

GaR

AvI

AJaP de Kéter

YeShSUT

GE de AvI

ZoN

PE

GE

ZoN

Parsá

Rompimiento

Kelim Rotos

Todos los *Partzufim* que se encuentran por sobre *ZoN de Atzilut* son llamados *"GaR de Atzilut"* o *"Rosh de Atzilut"*. Los *Partzufim* de *GaR de Atzilut* nacieron de los *Reshimot* de *GaR de Nekudim* (*Rosh de Nekudim*) que no se rompieron (ver Diagrama N° 10). El *Rosh de Nekudim*, es *Kéter de AvI de Nekudim*, y como se había dicho, sirve en el mundo de *Nekudim* al *Guf de Nekudim*. Ahora, el *Rosh de Atzilut* tiene que servir al *Guf de Atzilut*. Esta es la manera que está definida en los

Rav Michael Laitman

Reshimot. *GaR de Atzilut* ha sido construido de los *Reshimot* que no se rompieron, de la misma manera en la que salieron todos los *Partzufim* anteriormente, desde *Galgalta* en adelante, y solamente *GaR de ZoN de Atzilut* fue construido sobre los *Reshimot* del rompimiento. En el rompimiento se formó un desorden entre toda clase de *Kelim*, mas cuando llega la "Luz de *AB-SaG*" (Luz de *Jojmá* y *Biná*) e ilumina los *Kelim* rotos, empieza a purificar a las cuatro clases de *Kelim*: *GE*, *GE* en *AJaP*, *AJaP* en *GE*; y, *AJaP* verdadero. De los *Kelim* de *GE* se construye *ZoN de Atzilut*. De los *Kelim* del *AJaP* verdadero es purificada la *"Klipá"* (cáscara) (ver Diagrama Nº 11). *Klipá* es la denominación para los deseos que son imposibles de corregir hasta el *Gmar Tikún* (fin de la corrección). Con la ayuda de la Luz de *AB-SaG,* la cual ilumina sobre los *Kelim* rotos, se purifica porque el deseo llamado *AJaP* es imposible de corregir.

Las dos clases de *Kelim* adicionales que existen para ser purificados son la inclusión de *GE* en el *AJaP* y la inclusión del *AJaP* en *GE*. En principio aclararemos la purificación de los *Kelim* de *GE* y *AJaP*.

GE es como el mundo de *Atzilut*. Por eso, en la purificación de los *Kelim* de *GE* en el *AJaP* está impresa la estructura del mundo de *Atzilut* en el *AJaP*. ¿Quién purifica a los *Kelim* que quedan? La Ley es, que cada inferior purifica y nace mediante el Superior a él. De esta manera *Galgalta* purifica a *AB*, *AB* purifica y hace nacer a *SaG* y así sucesivamente. El nivel superior para los *Kelim* de la inclusión de *GE* en *AJaP* y para le inclusión del *AJaP* en *GE* es *ZoN de Atzilut. ZoN de Atzilut* se purificaron antes, de la parte de *GE* de los *Kelim* rotos, ahora estos pueden purificar el resto de los *Kelim*; la inclusión de *GE* en el *AJaP* y la inclusión de los *AJaP* en *GE*. Observamos entre parentesis que los *Kelim* de *GE* son llamados *"Israel",* y los *Kelim* de *AJaP* son llamados *"Umot HaOlam"* (Naciones del mundo) en la inclusión de *GE* en *AJaP* y de *AJaP* en *GE*.

Para purificar los *Kelim* rotos y dar origen a nuevos *Partzufim*, *ZoN de Atzilut* necesitan ser grandes. Para ello, estos deben subir al nivel de los grandes, hacia *GaR de Atzilut*. Para ello se realiza una elevación en el mundo de *Atzilut*: *ZoN de Atzilut* suben un grado a *YeShSuT*, en tanto que *YeShSuT* suben hacia *AvI* (ver Diagrama Nº 12). De manera similar suben todo el resto de los *Partzufim* de *Atzilut* un grado hacia arriba, y el *Partzuf atik de Atzilut* sube hasta por sobre el *Tabur.*

Diagrama Nº 11

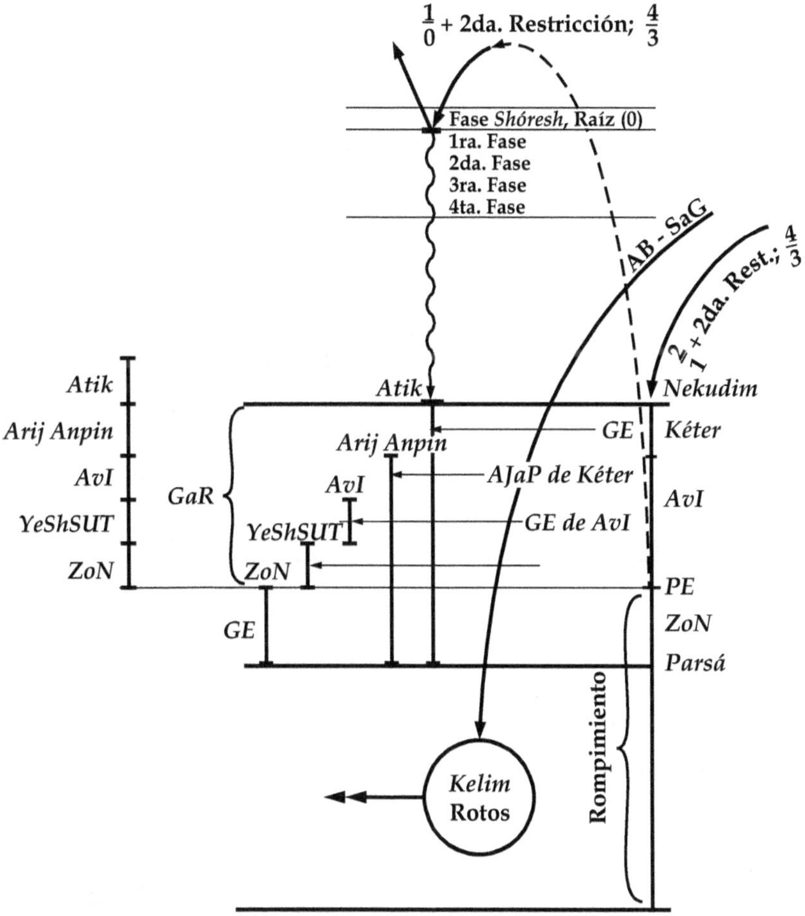

Luego del ascenso en el mundo de *Atzilut*, *ZoN de Atzilut* se encuentran en un estado denominado *"Gadlut"* (grandeza). En dicho estado se encuentran *ZoN* no solamente en *GE* sino en todas sus diez *Sfirot*, tal como *Aba* e *Ima*, como los grandes. Ellos ya pueden purificar los *Kelim* rotos para dar nacimiento a un nuevo *Partzuf*, y así lo hacen.

Diagrama N° 12

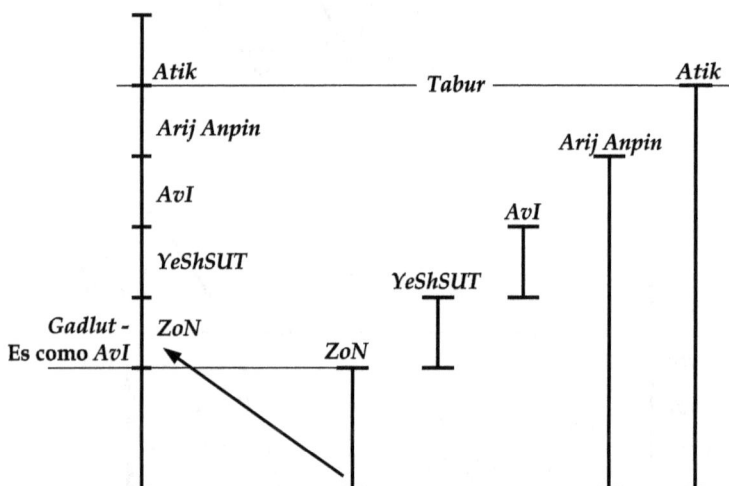

Aclaración de la inclusión de GE en el AJaP: nacimiento de los mundos de BYA

Los primeros *Partzufim* que *ZoN de Atzilut* hacen nacer, como se dijo, son el resultado de la aclaración de la inlcusión de *GE* en el *AJaP*. Desde *GE* puros que estuvieron en los *Kelim* rotos se ha construido el mundo de *Atzilut*. Ahora, la purificación de los *Kelim* de *GE* en *AJaP*, se imprime la estructura del mundo de *Atzilut* en el *Aviut* del *AJaP*. El orden de la purificación es desde lo más puro hacia lo más denso: desde *Ozen*, pasando por *Jótem* hacia el *Pe*; o, dicho de otra manera, desde el *Aviut Bet* (2) por medio del *Aviut Guimel* (3) hacia el *Aviut Dálet* (4). *ZoN* purifican a *GE* que se encuentran en *AJaP* uno tras otro y dan a luz al mundo de *Briá, Yetzirá* y *Asiyá* (ver Diagrama N° 13).

Diagrama Nº 13

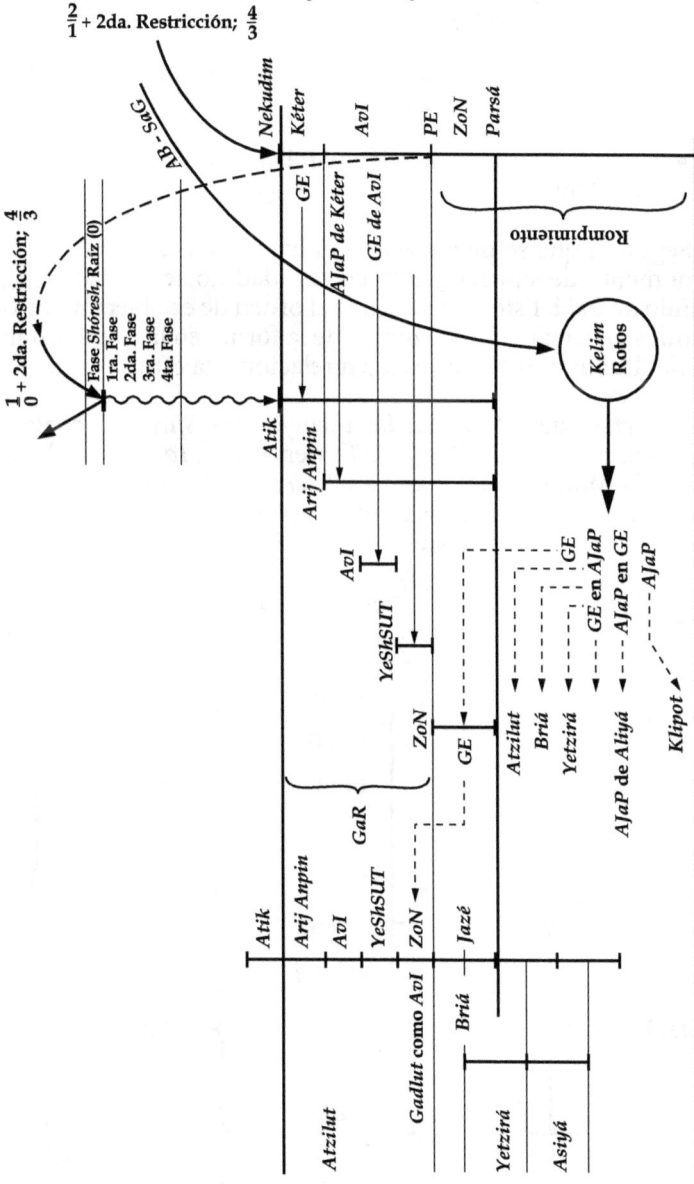

Rav Michael Laitman

- Desde *GE* en el *AJaP* del *Aviut Bet* (*Ozen*) se hizo el Mundo de *Bería*,

- Desde *GE* en el *AJaP* de *Aviut Guimel* (*Jótem*) se hizo el Mundo de *Yetzirá*

- Desde *GE* en el *AJaP* de *Aviut Dálet* se hizo el Mundo de *Asiyá*.

Según lo que se puede ver en el diagrama, el mundo de *Yetzirá* al momento de su nacimiento en realidad no se detiene debajo del mundo de *Briá*. Esto se debe a que el orden de establecimiento de los mundos en su nacimiento deriva de la forma en la que se establecen *ZA de Atzilut* y su *Nukva,* uno en relación a la otra.

El *Partzuf* de *ZA de Atzilut* incluye diez *Sfirot* las cuales están divididas en *GE* (*KaJaB* – *JaGaT*) y en *AJaP* (*TaNHYM*). La *Nukva* de *ZA*, la *Maljut*, se establece en *Tiféret* de *ZA*, desde su *Jazé* hacia abajo, tal como en el *Tzimtzum Bet* (ver Diagrama N° 14). Resulta que en relación a *ZA* existen en *Maljut* solamente cuatro *Sfirot*.

Diagrama No. 14

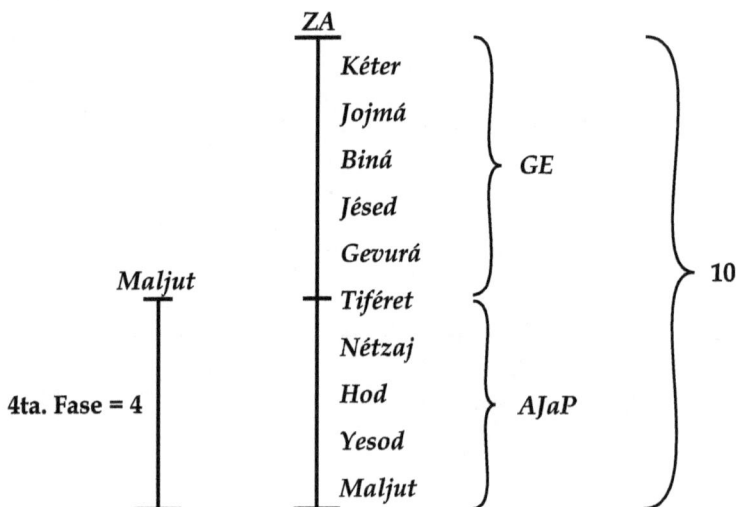

Por eso *Maljut* está representada a menudo por la forma de la letra ד (*Dálet*, 4) y debido a esto es que se le llama "El apelativo derivado de *Dálet*".

Tal como dijimos, el orden en que se establecen *ZA* y *Nukva de Atzilut*, uno en relación al otro, determina el orden de los estados de los mundos al nacer. Por ende el mundo de *Yetzirá* se establece a partir de *Tiféret* (*Jazé*) del Mundo de *Briá*, en tanto que el mundo de *Asiyá* se establece por debajo del mundo de *Yetzirá* (ver Diagrama N° 13).

Volvamos brevemente al orden de evolución a partir de la salida del mundo de *Nekudim*. El mundo de *Nekudim* salió en tres *Partzufim*: *Kéter*, *AvI* y *ZoN*. En un principio salió el *Nekudim* en pequeñez (sobre los *Reshimot* 2/1 restringidos), y a continuación – en grandeza (sobre los *Reshimot* 4/3). Cuando se expandió la Luz por debajo de la *Parsá*, ocurrió el rompimiento.

El mundo de *Atzilut* se creó por encima de la *Parsá*. Los *Partzufim de Atzilut*, desde arriba hacia abajo son *Átik*, *Arij Anpin*, *AvI*, *YeShSuT* y *ZoN*. A veces, los *Partzufim YeSHSuT* y *AvI* se toman en cuenta como un solo *Partzuf*.

Después de la salida de los *Partzufim* del mundo de *Atzilut*, se crean los mundos de *BYA*. En este punto es importante distinguir entre los mundos al nacer y el sitio fijo de estos mundos. El sitio fijo de los mundos se crea en los *Nekudot de SaG* (ver el sub-capítulo "Breve repaso", diagrama N° 3). El sitio del mundo de *Atzilut* está por encima del *Parsá*, y el sitio de los mundos de *BYA* está por debajo del *Parsá*, uno debajo del otro, hasta el final:

- El mundo de *Briá* se estabiliza en los dos tercios inferiores de la *Tiféret* debajo de la *Parsá*.

- El mundo de *Yetzirá* se estabiliza en el lugar de *Netzaj, Hod* y *Yesod*.

- El mundo de *Asiyá* se estabiliza en el sitio de la *Maljut*.

No obstante, al ser creados, los mundos de *BYA* se estabilizaron en un sitio diferente, más alto que su sitio fijo (ver Diagrama N° 15):

- Las diez *Sfirot* del mundo de Briá se estabilizaron en el sitio de *ZoN de Atzilut* por encima de la *Parsá*.

- Las diez *Sfirot* del mundo de *Yetzirá* se estabilizaron desde el *Jazé* del sitio de *ZoN de Atzilut* hasta el *Jazé* del sitio del mundo de *Briá*, o sea, cuatro *Sfirot* por encima de la *Parsá* y seis por debajo de esta.

- Las diez *Sfirot* del mundo de *Asiyá* se estabilizaron desde el *Jazé* del sitio del mundo de *Briá* hasta el *Jazé* del sitio del mundo de *Yetzirá*.

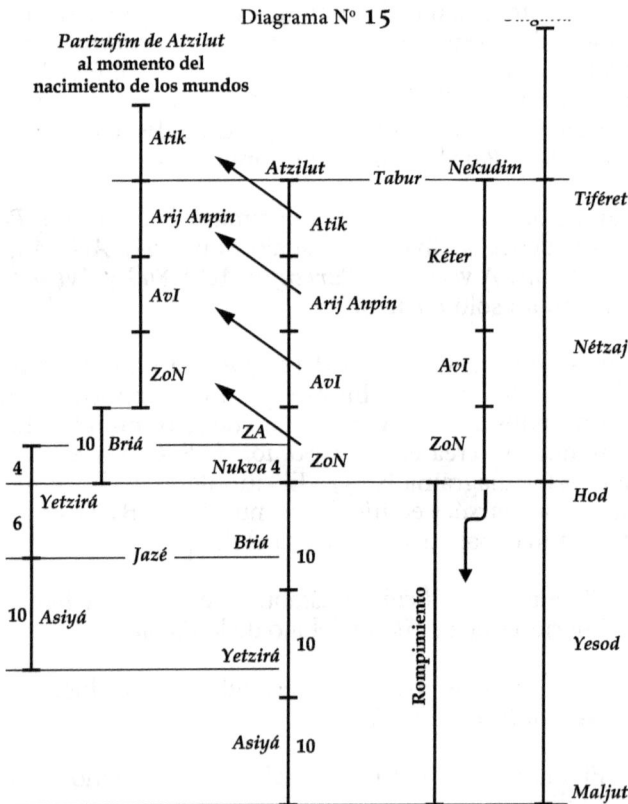

Diagrama N° 15

Resulta que por sobre el *Jazé* del sitio del mundo de *Yetzirá*, el cual es estimado también como el *Jazé* del sitio de todos los mundos de *BYA*, hay dieciséis *Sfirot* , y debajo de él, catorce. Así es como nosotros distinguimos entre las dieciséis *Sfirot* llamadas "*Tjum Shabat*" (área del *Shabat*) y entre las catorce *Sfirot* llamadas "*Mador Klipot*" (morada de las cáscaras).

Área de Shabat

El mundo de *Atzilut* es llamado con el nombre de "Ciudad", y el *Parsá* es el "Muro" que rodea la ciudad. Seis *Sfirot* se establecen desde el *Parsá* hasta el *Jazé* del sitio del mundo de *Briá* llamadas "Afueras de la ciudad". Aquellas son los "Setenta Codos" alrededor del muro de la ciudad, consideradas parte de la ciudad (ver Diagrama N° 16). El lugar llamado "Afueras de la Ciudad" recibe iluminación del mundo de *Atzilut* y por eso hay en él santidad. Aquí cabe mencionar que la sabiduría de la Cabalá trata solamente de los deseos. También los mundos descritos son deseos dentro de la persona, y por tal razón el concepto de "Afueras de la Ciudad" son deseos que aun se pueden usar.

Los deseos que van desde el *Jazé* del sitio del mundo de *Briá* hasta el *Jazé* del sitio del mundo de *Yetzirá* (*Jazé* del sitio de los mundos de *BYA*) son denominados "Dos mil codos" o "Área del *Shabat*" (ver diagrama N° 16). En el estado denominado "*Shabat*", los mundos de *BYA* se elevan sobre el *Parsá*, y con la ayuda de correcciones especiales es posible utilizar incluso los deseos del "Área del *Shabat*" con intención con el propósito de otorgar. Son catorce las *Sfirot* que están abajo del *Jazé* del sitio de los mundos de *BYA* los cuales se llaman "Morada de las *Klipót*" (ver Diagrama N° 16). Una denominación adicional para aquellas catorce *Sfirot* es "*Dai*"[4] (basta, suficiente) tal como la cuenta de las 14 *Sfirot* que están allí, que en palabras del *Zóhar* es: "Ya que a Su mundo le dijo ¡Basta!" (*Vaikrá*, ítem 176), que no se extendiera más. En la morada de las *Klipót* se encuentran los deseos que por el momento son imposibles de corregir, por eso en *Shabat* está prohibido salir fuera del "Área del *Shabat*". El trabajo con las *Klipót* se hace en los "días de la semana" cuya esencia es la distinción de las *Klipót* de los deseos con los cuales es posible trabajar. Dicho asunto se hace por medio de correcciones especiales que hacen que las *Klipót* no molesten.

---

4 (N. del T.): La palabra "*Dai*" en hebreo se escribe י ד que en el sistema de *Guemátria* se expresa con el valor numérico 14, ya que la suma del valor numérico de cada una de estas letras da como resultado el número catorce; ד=4 y י=10

Diagrama No. 16

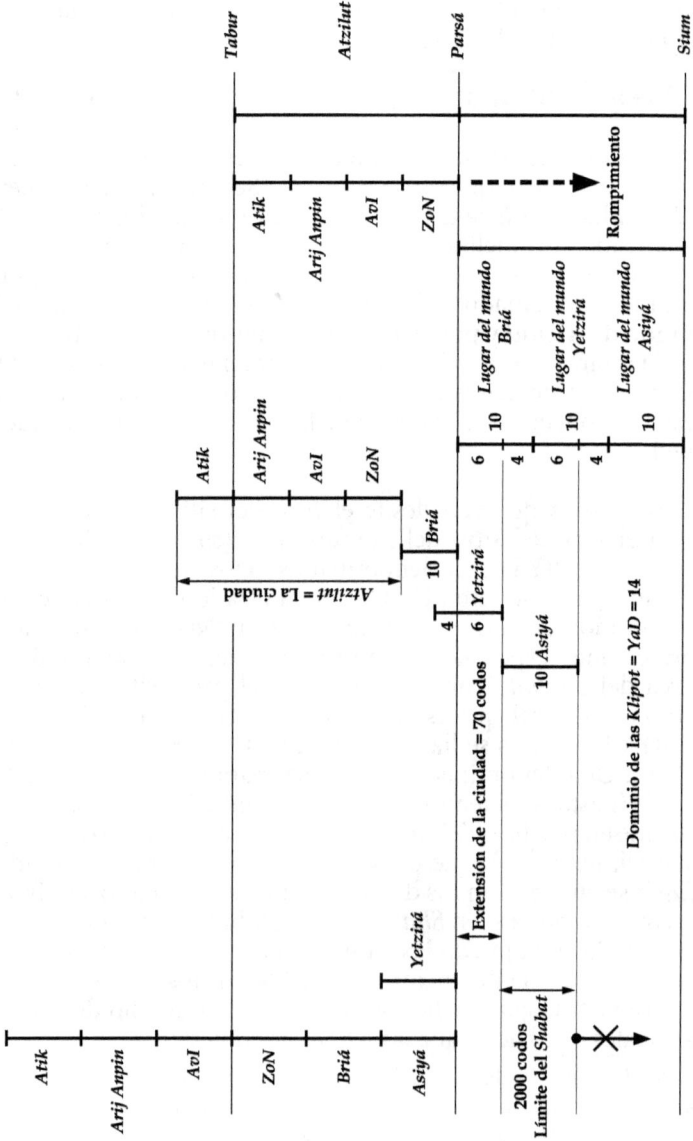

La purificación de los Kelim rotos

La purificación de los *Kelim* rotos del mundo de *Nekudim* se hace de esta forma (ver Diagrama N° 17):

- De los *Kelim* de *GE* se formó *Katnut* (pequeñez) de *ZoN de Atzilut*.

- De los *Kelim* de *GE* que están incluidos en el *AJaP* fueron creados los mundos de *BYA*: El mundo de *Briá* desde "*Ozen*", el mundo de *Yetzirá* desde "*Jótem*" y el mundo de *Asiyá* desde "*Pe*".

- De los *Kelim* de *AJaP* que están incluidos en *GE* se hicieron tres ascensos en los mundos. Estos no son los ascensos en *Shabat* a los que se ha hecho referencia anteriormente, sino ascensos distintos que se realizan por medio del *MaN* elevado por las personas.

- El primer ascenso es la inclusión de "*Ozen*" en *GE*, el segundo ascenso es la inclusión de "*Jótem*" en *GE*, y el tercer ascenso es la inclusión de "*Pe*" en *GE*. Estos tres ascensos también ocurren en *Shabat*, a pesar de que no se hayan mencionado dichos ascensos anteriormente, estos son llamados "*Kidush*" (Santificación del *Shabat*), "*Musaf*" (Suplemento de la mañana) y "*Minjá*" (nombre de rezo que se realiza a la tarde).

- De los *Kelim* del *AJaP* verdadero se forma una *Klipá*. A la persona le corresponde purificar la *Klipá* y no usarla. Así es como se purifican todos los *Kelim* rotos.

Diagrama No. 17

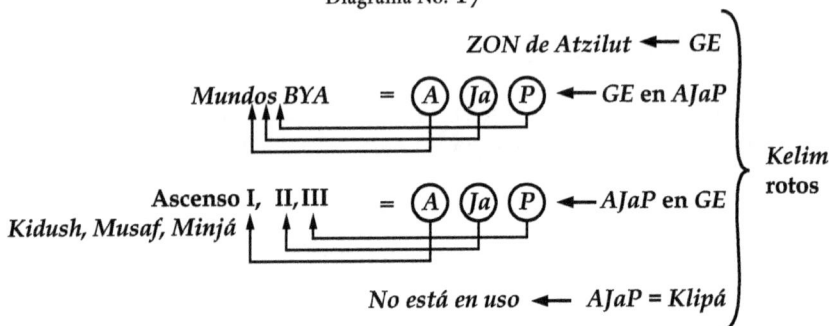

ZON de Atzilut ◀— GE

Mundos BYA = (A) (Ja) (P) ◀— GE en AJaP

Ascenso I, II, III = (A) (Ja) (P) ◀—AJaP en GE

Kidush, Musaf, Minjá

No está en uso ◀— AJaP = Klipá

Kelim rotos

Los mundos – La manifestación de la conducción de las almas

Ahora explicaremos cuál es la ventaja de la expansión del sistema de los mundos hasta aquí.

Maljut de Ein Sof, Bejiná Dálet (4), recibió la Luz en el mundo de *Ein Sof*. Luego de esto *Maljut* no podía resistir su oposición al Creador y se restringió en *Tzimtzum Álef* (primera restricción). Después de una serie de acciones, *Maljut* llegó a un estado en el cual adquiere una unión específica con *Biná*, fragmentándose a sí misma. Como resultado del rompimiento, partes de *Biná* ingresaron al interior de *Maljut* y se entremezclaron; dentro del rompimiento fue construido el sistema de los mundos de *BYA* para el cuidado del futuro creado.

Resulta que *Maljut de Ein Sof* se divide en relación a los creados en cinco mundos: *Adam Kadmón, Atzilut, Briá, Yetzirá* y, *Asiyá*. El Creador, el cual ilumina con la Luz de *Ein Sof*, repartió la potencia de la Luz que hay en Él, Su otorgamiento hacia el creado, en cinco mundos. Él separó la Luz en las *Bjinot* (fases) separadas según el respectivo *Aviut* (espesor) del creado, de acuerdo a su *Masaj* (pantalla), en relación a los múltiples estados del creado y de acuerdo al rompimiento y la corrección del futuro creado. A esta altura aun no existe el creado, sino solamente el sistema de los mundos; es decir, el sistema de los mundos que ocultan la Luz que emana del Creador. El sistema de los mundos actúa como si fuese un filtro. La Luz que llega del Creador cruza por medio de los mundos de *Adam Kadmón, Atzilut, Briá, Yetzirá* y, *Asiyá* hasta llegar al futuro creado (ver Diagrama N° 18).

De hecho, a lo largo de la descripción del desprendimiento, hasta el momento, no se ha hablado del creado. Hasta ahora hemos descrito solamente el sistema del Creador; es decir, los *Partzufim*, los mundos, los *Reshimot* y demás – un sistema que aminora la potencia de las Luces que llegarán al futuro creado de acuerdo a sus necesidades.

En el mundo de *Adam Kadmón* (*AK*) el sistema aun es primitivo, debido a que el mundo de *AK* salió como respuesta a la *Sfirá* de *Kéter*. Sin embargo, el sistema de los mundos de *Atzilut, Briá, Yetzirá* y *Asiyá*, está compuesto de los *Kelim* que se rompieron, siendo este trabajo el que posibilita entender al creado en cada uno de sus estados, sean cualesquiera que sean. Todos los estados del creado, los rotos tanto como los corregidos, ya están incluidos en su interior.

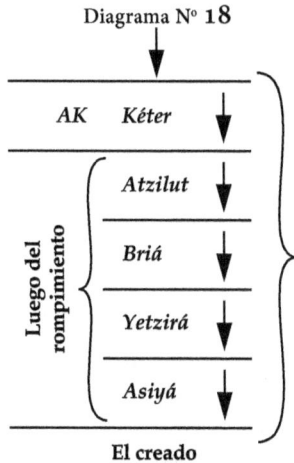

Diagrama N° 18

El creado

Es así que en este punto dentro del proceso de desarrollo llegamos a un estado en el cual el sistema destinado a atender al creado, está listo para actuar. En el próximo grado estudiaremos acerca del propio creado. Aclararemos de donde nace y cómo, cuál es su raíz, cuál es el proceso por el que pasa, así como también cuál es su objetivo. Discutiremos la naturaleza de este "creado" del que somos partes.

QUINTA PARTE

El creado: *Adam haRishón* (el Primer Hombre)

El Creador creó el *Kli* por medio de la luz, el deseo de recibir. Luego de haber sido creado el *Kli* recibió con el fin de otorgar según su capacidad tanto en forma directa en el mundo de *AK* como de manera indirecta después del rompimiento.

Posteriormente al rompimiento y la mezcla de *Maljut* en *Biná*, salieron los mundos de *Atzilut, Briá, Yetzirá* y *Asiyá*. La singularidad de estos mundos proviene del ingreso de *Maljut* en *Biná*. *Maljut* le entregó a *Biná* todas sus cualidades, y en los mundos de *Atzilut, Briá, Yetzirá* y *Asiyá, Biná* ya comprende a *Maljut* y sabe cómo corregirla.

La mezcla de *Maljut* en *Biná* sucedió en el *Partzuf Nekudot* de *SaG*, el cual descendió debajo del *Tabur* de *Galgalta*, recibió de *NeHY* de *Galgalta* la impresión *Dalet Guimel* (4 – 3) y se restringió con la segunda restricción. *Maljut* de *NeHY* de *Galgalta* se mezcló en *Biná* del *Partzuf Nekudot* de *SaG*, y todos los acoplamientos que salieron a continuación se hicieron con la mezcla de *Maljut* en *Biná*

Rav Michael Laitman

tanto en *Katnut* (pequeñez) del mundo de *Nekudim* como en *Gadlut* (grandeza) del mundo de *Nekudim* que ocasionó el rompimiento. Luego del rompimiento salió del *Rosh* de *SaG* el mundo de *Atzilut*, por sobre el remanente del rompimiento. El mundo de *Atzilut* se construye a partir de los *Kelim GE*, *Kelim* de otorgamiento – las cualidades de *Biná*, y los tres mundos, *Briá*, *Yetzirá* y *Asiyá*, salieron de la inclusión de *Maljut* en *Biná*.

Debido a que el sistema de los mundos *ABYA* incluye todas las posibilidades de inclusión de *Maljut* (la cualidad de recibir) con *Biná* (la cualidad de otorgar) a excepción del corazón de piedra, este sistema está listo para tomar la responsabilidad del nacimiento del creado, de su desarrollo y de su corrección. El corazón de piedra es la misma parte del creado que no puede mezclarse con *Biná* y que por lo tanto es imposible de corregir.

El futuro creado no puede ser el resultado de la inclusión de *Maljut* en *Biná*, sino de la inclusión de *Biná* en *Maljut*. Así se encontrarán en él las cualidades de otorgar, las que le permitirán, a partir del libre albedrío, preferir estas cualidades de otorgar por sobre su naturaleza. Por consiguiente después que se crearon los mundos y llegaron a través de la inclusión de *Maljut* en *Biná* al fin de su corrección posible, ahora le llega al creado el turno de ser creado.

El creado fue creado a partir de la inclusión de *Maljut* de *ES (Ein Sof)* en el fin de todos los mundos. *Maljut* de *ES,* es el punto central de todos los círculos que la circundan, que son las cuatro fases de Luz directa. La Luz Superior pasa a través de todos los mundos, *AK* y *ABYA*, y *Maljut* de *ES*, el punto central, se incluye en su fin (ver Diagrama N° 1). Desde este punto se crea el creado.

El futuro creado se llamará "*Adam haRishón*" (AhR - primer hombre). Su nombre señala su futura función: asemejarse al Creador – "*Adam*" de las palabras "*Edamé le Elión* (me asemejaré al Superior-Isaías 14:14). Para crear a *Adam ha Rishón*, el sistema de los mundos debe encontrarse en la situación en la cual *ZoN* de *Atzilut* estén colocados en el lugar de *AvI* de *Atzilut*. Desde este lugar dieron nacimiento *ZoN* de *Atzilut* a *AhR*. Como se dijo anteriormente, también los mundos *BYA* nacen desde el mismo lugar, pero la diferencia entre *AhR* y los mundos es que estos son la inclusión de *Maljut* en *Biná*, y *AhR* es la inclusión de *Biná* en *Maljut*.

Diagrama Nº 1

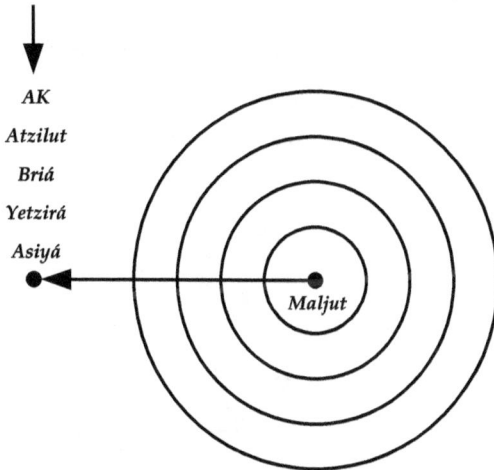

Similarmente a los mundos *Briá* y *Yetzirá*, también *AhR*, durante su nacimiento, recibe sobre sí la relación entre *ZA* y *Nukva* de *Atzilut*. De acuerdo con esto, el *Rosh* de *AhR* sale en el mundo de *Briá*, y su *Garón* (garganta) sale desde la mitad del mundo de *Briá* hacia abajo (ver Diagrama Nº 2), desde el mismo lugar de donde sale el mundo de *Yetzirá* en el momento de su nacimiento. La estructura de todo el *Partzuf AhR* que se encuentra dentro de los mundos de *BYA* es el siguiente:

- El "*Rosh*" de *AhR* en el mundo de *Briá*.

- El "*Garón*" y las primeras seis *Sfirot* de su "*Guf*" (cuerpo) en el mundo de *Yetzirá*.

- Las cuatro *Sfirot* inferiores del "*Guf*", así también sus "*Raglaim*" (piernas) en el mundo de *Asiyá*.

De hecho, el *Partzuf AhR* es un *Partzuf* común de treinta *Sfirot*, con *Rosh*, *Toj* y *Sof*. Pero sus *Kelim* de *AJaP* están restringidos – no están aclarados. *Adam ha Rishón* se encuentra por completo en *GE* y no utiliza la mitad inferior del *Partzuf.* Tiene *JaBaD JaGaT* de *Kelim* y *JaGaT NeHY* de Luces. En otras palabras, *AhR* tiene *Galgalta ve Eynaim* de *Kelim* con *Néfesh Ruaj* de Luces. Las Luces *Neshama, Jaiá* y *Yejidá* todavía le iluminan solamente de manera circundante. Esta es la situación de *AhR* en el tiempo de su nacimiento. Por esto dijeron los sabios que "*AhR* se creó circunciso" (*Avot* de Rabi Natan, capítulo 2).

Diagrama Nº 2

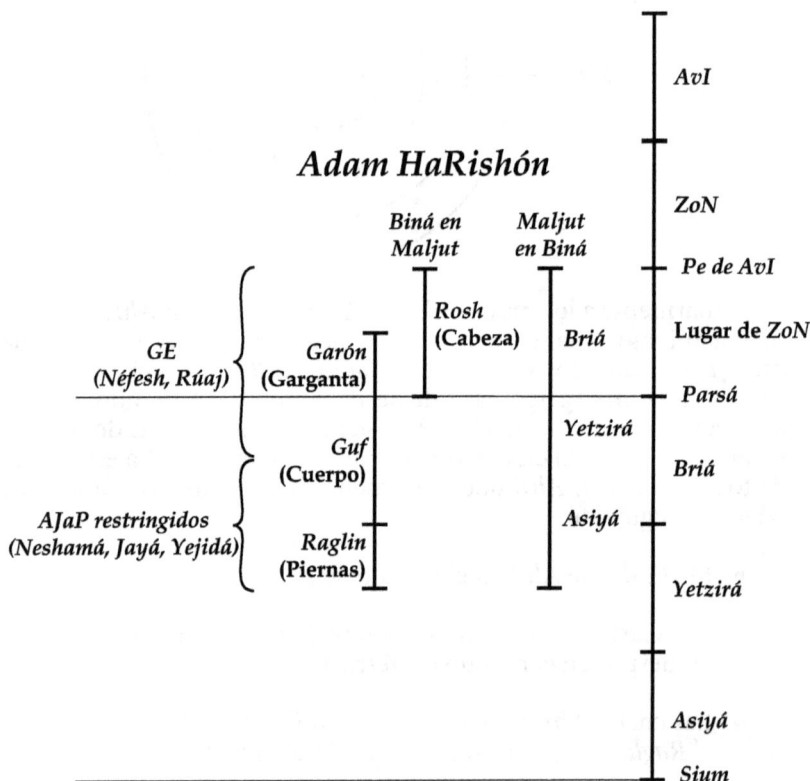

Parte de los *Kelim* de *AhR* se encuentran en *Atzilut* y parte debajo de la *Parsá*. La Luz que corrige, Luz *AB-SaG*, llega sólo hasta la *Parsá*. No puede aparecer por debajo de la *Parsá* y corregir los *Kelim*, no en el mundo de *Nekudim* ni en los mundos de *BYA*. Resulta que para corregir el *Kli* de *AhR* y llevarlo al fin de la corrección hay que elevarlo por encima de la *Parsá*.

Con la corrección de *AhR* llegará la Creación entera a su objetivo, al fin de la corrección, a la equivalencia del hombre con el Creador. Esto es, de hecho, el Plan de la Creación de beneficiar a Sus creados – beneficiar al alma que se denomina "*AhR*".

No obstante, no es suficiente con el ascenso de *AhR* arriba de la *Parsá*. Es imposible asegurar la corrección de todos los *Kelim* únicamente elevándolos por encima de la *Parsá*. La elevación de los *Kelim* arriba de la *Parsá* no crea una conexión entre *Biná* y *Maljut*. Este vínculo es posible sólo con la inclusión plena de todas las partes de *Biná* en todas las partes de *Maljut* y también de todas las partes de *Maljut* en todas las partes de *Biná*. Una inclusión de este tipo se puede alcanzar sólo mediante el rompimiento de *AhR* en forma parecida al rompimiento del mundo de *Nekudim*. Siendo así, la próxima etapa en el desarrollo es el rompimiento de *AhR*.

Rompimiento de *Adam ha Rishón*

Para conseguir el rompimiento de *AhR* llega una Luz especial que se llama "*Toséfet* (extensión del) *Shabat*". Con la Luz de "*Toséfet Shabat*" ascienden todos los mundos, y *AhR* dentro de ellos, en una elevación (ver Diagrama N° 3). Los mundos y *AhR* no ascienden en virtud de sus correcciones, sino debido a que la iluminación especial desde Arriba, inhibe los *Kelim* que no están corregidos y eleva los *Kelim* corregidos.

AhR sube por consiguiente diez *Sfirot* por encima de su lugar de nacimiento, de manera que sólo sus *Raglaim* permanecen debajo de la *Parsá*, pero él no percibe que sus *Raglaim* quedaron por debajo. Esto tiene dos razones:

1. Después del ascenso, los *Raglaim* de *AhR* se encuentran en el lugar de la las primeras seis

Sfirot del sitio del mundo de *Briá*. Estas seis *Sfirot* se llaman "alrededores de la ciudad" y pertenecen todavía a los *Kelim* de *Biná*. Por lo tanto es imposible distinguir en ellas la presencia de deseos no corregidos.

2. *AhR* nunca utilizó estos *Kelim*, y por lo tanto no podía saber cuan hundidos están dentro de sí mismos, en el deseo de recibir con el fin de recibir.

Siendo así que después del primer ascenso en la tarde de Shabat, en la situación en la cual los *Raglaim* de *AhR* se encuentran debajo de la *Parsá*, hace *AhR* el *Zivug* de *Hakaá* (acoplamiento de golpe) y jala la Luz dentro de su *Guf*, a todos los *Kelim*. *AhR* no espera una iluminación mayor del Shabat que le permita que se eleven sus *Kelim* más alto, sino que decide atraer hacia sí la Luz con la esperanza de recibirla con el fin de otorgar. La Luz atraviesa la *Parsá*, y *AhR* comienza a romperse. Al igual que en el rompimiento del mundo de *Nekudim*, también todos los *Kelim* de *AhR* se caen y se rompen.

La Torá relata, que *AhR* estaba en un principio en el jardín del Edén y tenía permitido comer de todos los árboles del jardín excepto del árbol del conocimiento del bien y del mal, como está escrito: "y ordenó Dios al hombre diciéndole de todo árbol del jardín comer comerás, y del árbol del conocimiento del bien y del mal, de él no comerás porque en el día que de él comieras, morirás" (Génesis 2, 16-17).

"El jardín del Edén" es la denominación del mundo de *Atzilut*. "Los árboles del jardín" son los *Kelim* de *AhR* que se hallan en *Atzilut* y que puede utilizar. "El árbol del conocimiento del bien y del mal" son los *Kelim* de *AhR* que se encuentran debajo de la *Parsá* y que tiene prohibido utilizar. El "pecado" es la denominación del rompimiento. En el rompimiento se caen y se rompen todos los *Kelim* de *AhR*, los *Kelim* de *GE*, los *Kelim* de *AJaP*, los *Kelim* de la inclusión de *GE* en *AJaP* y los *Kelim* de la inclusión de *AJaP* en *GE* (ver Diagrama N° 4).

Diagrama No. 3

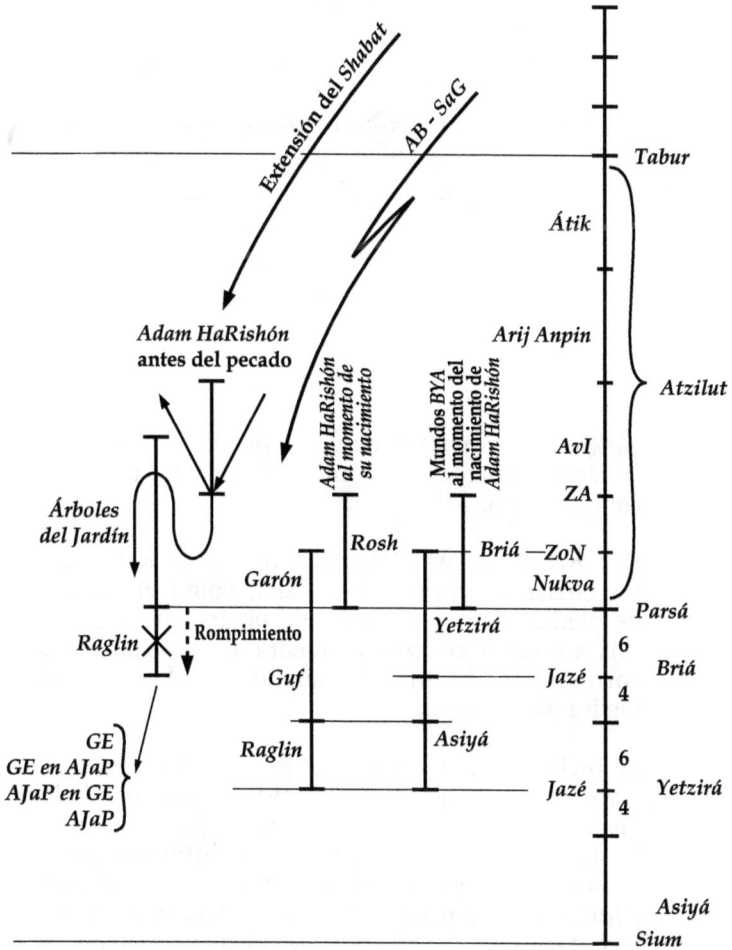

El beneficio del rompimiento de *AhR* es como el beneficio del rompimiento de los *Kelim* (ver Diagrama N° 4):

Diagrama N° 4

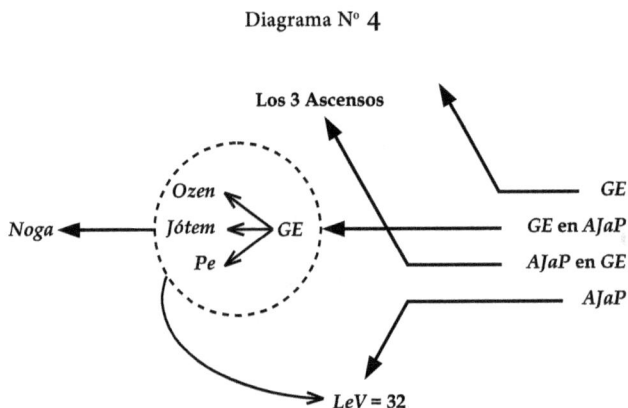

- *Galgalta ve Eynaim* de *AhR* pueden volver a su situación corregida, como estuvieron antes del rompimiento.

- Los *Kelim* de *AJaP* se aclaran como *Kelim* con los cuales es imposible trabajar, como el corazón de piedra. Pero el corazón de piedra que ahora se aclara no es el corazón de piedra que se aclaró en la corrección de los mundos, sino que es el corazón de piedra de las almas.

- La inclusión de *GE* en *AJaP* permite el examen del *AJaP* y su aclaración. La entrada de las cualidades de *Galgalta ve Eynain* en *Ozen*, en *Jótem* y en *Pe*, le otorga al creado la capacidad de distinguir qué es posible corregir en cada una de las partes de estos *AJaP*. Esta es la principal ganancia del rompimiento. Las partes de *AJaP* que se pueden corregir se aclararan en la corrección especial que se denomina "*Klipat Noga*". Las partes de *AJaP* que es imposible corregir se aclaran, como fue dicho, como el corazón de piedra.

* La inclusión de *AJaP* en *GE*. En esta inclusión el hombre corrige su *AJaP* y puede merecer también tres ascensos adicionales.

Diagrama N° 5

	Tabur
AvI	
ZoN	
	Parsá

	Briá			*Briá*	
BYA *de Klipá*	*Yetzirá*	→	*Kelim* rotos de *Adam HaRishón*	← *Yetzirá*	*BYA* *de Kdushá*
	Asiyá			*Asiyá*	

Sium

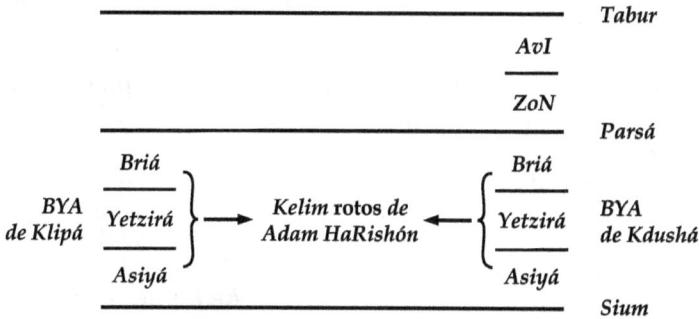

Ahora aclararemos en qué situación se encuentra *AhR* después de su rompimiento y cuál es el modo en el cual será corregido.

El rompimiento de *AhR* corrompe su entorno, de manera tal que, en adición a los mundos *BYA* de *Kedushá*, se forman a su alrededor los mundos *BYA* de *Tumá* (impureza). Como consecuencia del rompimiento de *AhR* también descienden todos los mundos a sus lugares fijos: los mundos de *BYA* descienden debajo de la *Parsá*, y todos los *Partzufim* de *Atzilut* se ordenan en sus lugares fijos por encima de la *Parsá* hasta el *Tabur* general.

Por debajo de la *Parsá*, a la derecha, se ubican los mundos *ABYA* de *Kedushá*, y en frente de ellos, a la izquierda, se ubican los mundos *BYA* de *Klipá* (cascara) (ver diagrama no. 5). Como ya se ha dicho, *AhR* nació dentro de los mundos de *BYA*, y por lo tanto, también después de su rompimiento, está dentro de ellos. Pero ahora se le sumaron *BYA* de *Klipá*. *ÁhR* se encuentra por lo tanto en los *Kelim* rotos entre los sistemas *BYA* de *Kedushá* y *BYA* de *Tumá* y solamente dentro de ellos vive.

El lado izquierdo, el lado de la *Klipá*, despierta los *Kelim* no corregidos del hombre. La función del lado izquierdo es mostrarle al hombre nuevamente, cada vez, su falta de corrección. Y puesto que el hombre conoce sus *Kelim* no corregidos, se dirige a *BYA* de *Kedushá* y recibe de ellos las Luces para la corrección de los *Kelim*.

Por consiguiente, después del rompimiento el hombre se siente a sí mismo como si se encontrara entre varios sistemas (ver Diagrama N° 6):

- Un sistema es el sistema de la *Kedushá, Biná*, el sistema de *Galgalta ve Eynaim*.

- El segundo sistema es *"Klipat Noga"*, que el individuo aclara a partir de la inclusión conjunta de *Biná* y *Maljut*, de la inclusión de *GE* en *AJaP*. Las aclaraciones en *Klipat Noga* le permiten al individuo distinguir cuales de sus *Kelim* de recibir puede adjuntar al otorgamiento. *Klipat Noga* es, por consiguiente, la principal cuestión por la que ocurrió el rompimiento.

Un sistema adicional es *AJaP* o "las tres *Klipot* impuras" que se denominan "Viento de tormenta", en oposición al mundo de *Asiyá*, "Gran nube" en oposición al mundo de *Yetzirá* y "Fuego inflamable" en oposición al mundo de *Briá*.

Klipat Noga ya es una aclaración a partir de los *Kelim* rotos. La entrada de los *Kelim GE* dentro de *AJaP* le permite al hombre aclarar cuáles de sus *Kelim* de *AJaP* puede atribuir a la *Kedushá* (Divinidad). Todas las aclaraciones del hombre, su libre albedrío y la sensación de su individualidad se encuentran en *Klipat Noga*.

Los *Kelim* de *AJaP*, los *Kelim* de recibimiento, vienen del mismo *Kli* que creó el Creador; y los *Kelim* de *Kedushá, Kelim* de otorgamiento, vienen también del Creador, de su propia cualidad (ver Diagrama N° 6). *Klipat Noga* es el lugar de encuentro entre los *Kelim* de recibimiento y los *Kelim* de otorgamiento, entre la cualidad de recibir y la cualidad de otorgar. En el medio, entre estas dos cualidades, uno siente su libertad como si no estuviera bajo el control del Creador, no de parte de los *Kelim* ni de parte de las Luces. Por lo tanto sólo en *Klipat Noga* puede uno determinar su "yo", y únicamente de acuerdo a sus purificaciones en *Klipat Noga* se denomina con el nombre de "*Adam*" (Adán).

Diagrama No. 6

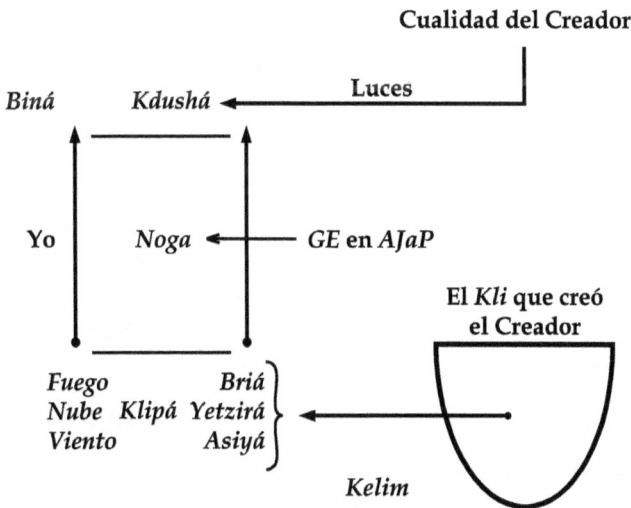

Este Mundo la oportunidad de un verdadero libre albedrío

Las aclaraciones de *Klipat Noga* no se terminan en los mundos superiores. Para posibilitar la aclaración desciende todo el sistema a la situación en la cual de verdad existe libre albedrío – al lugar en el cual las distinciones de los mundos *BYA* de *Kedushá* y *BYA* de *Klipá* no existen, a la situación en la cual el individuo desconoce el lugar de su realidad y no puede purificar los *Kelim* rotos. Es decir, para posibilitar esta aclaración, el sistema completo desciende por debajo del "*Majsom*" (barrera) que separa a este mundo de los mundos de *BYA*, los mundos superiores.

También por debajo del *Majsom* actúan dos fuerzas, el bien y el mal, como si fuera sobre el *Kli* roto, con el propósito de hacerlo avanzar hacia la corrección. Pero a diferencia de los mundos espirituales, debajo del *Majsom* uno se halla en la oscuridad. Es decir, debajo del *Majsom* el individuo no es consciente de que se encuentra en la naturaleza del Creador. Si uno tuviera la sensación del bien y del mal, y si sintiera al Creador y se sintiera a uno mismo estando en una situación corrupta, no tendría entonces libre albedrío.

El relato bíblico que describe los actos de *AhR* en el jardín del Edén luego del pecado, ilustra esto muy bien. Después del pecado, *AhR* se siente avergonzado, se hace para sí mismo una vestimenta y se esconde del Creador que supuestamente lo busca por todo el jardín. Este relato describe la situación en la cual el hombre siente dónde se encuentra. Siente sus propios *Kelim* con respecto a su entorno, en comparación a las Luces, en comparación a las cualidades del Creador. En este estado el hombre se ve obligado a determinar inmediatamente su situación en comparación a las cualidades de otorgamiento y no tiene libre albedrío.

El libre albedrío es posible sólo a partir de la situación en la cual el individuo no sienta que lo fuerzan a elegir el bien. Elegir es posible sólo luego que el hombre llegue por sí mismo a distinguir "qué es el bien". El individuo tiene que construir para sí un entorno como *BYA* de *Kedushá* y *BYA* de *Tumá*, y así, dentro de la escala de valores que se construya para sí mismo, podrá crecer. Si no es así, no habrá lugar para el libre albedrío. Si la persona ve el mal y el bien, ciertamente que deberá "elegir" el bien.

Por lo tanto el libre albedrío se realiza debajo del *Majsom*, en el lugar en el cual no hay ninguna presencia de las fuerzas espirituales de recibimiento y otorgamiento, en el lugar que se llama "este mundo".

Resumen breve

Antes que aclaremos la cuestión de la corrección en este mundo, repasaremos brevemente los principios del desprendimiento de arriba hacia abajo.

Diagrama No. 7

Cuatro fases (*Bjinot*)

Ein Sof

Tzintzum Álef (Primera restricción)

Masaj

AK

Nekudot de Tzimtzum Álef (Biná + Maljut)

Rompimiento (*Biná* →*Maljut*)

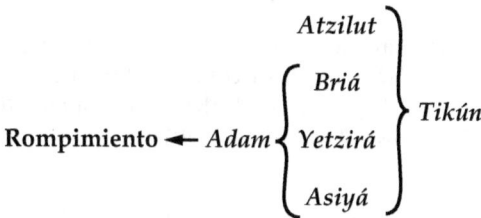

$$
\text{Rompimiento} \leftarrow Adam \begin{cases} Atzilut \\ Briá \\ Yetzirá \\ Asiyá \end{cases} Tikún
$$

En un principio salieron las cuatro fases de Luz directa y el mundo de *Ein Sof*. *Maljut* del mundo de *Ein Sof* se restringió a sí misma, puso sobre sí un *Masaj*, y los cinco *Partzufim* del mundo de *AK* salieron uno después del otro. *Nekudot* de *SaG* descendieron debajo del *Tabur* y se restringieron con la segunda restricción, ahí se pusieron en contacto *Biná* y *Maljut* en un solo *Partzuf*.

Posteriormente aconteció el rompimiento de los *Kelim; Biná* se intrudujo en *Maljut* y se creó entre ellas un vínculo. La corrección del rompimiento fue la causa del nacimiento de los cuatro mundos *ABYA*. En los mundos de *BYA* nació *AhR*, y también él se rompió (ver Diagrama N° 7).

En relación a las cuatro fases de Luz directa, el mundo de *AK* es el mundo de *Kéter* . Es todo otorgamiento del Creador, que se divide en relación al futuro creado en *NaRaNJaY*.

El mundo de *Atzilut* es el otorgamiento de *AK*, o más exactamente de *SaG* – el otorgamiento en *Galgalta Eynaim* hacia el futuro creado. El futuro creado es el que revive del rompimiento. Él lo hace bajo la condición de ascenso al mundo de *Atzilut*.

En los mundos *Briá, Yetzirá* y *Asiyá* se encuentran las cualidades generales de *Biná, ZA* y *Maljut*. En estos mundos se hace la corrección espiritual del hombre. En otras palabras, en los mundos de *BYA,* el individuo ya puede contar con la presencia del Creador, con las fuerzas espirituales, para corregirse a sí mismo. En esta situación el individuo ya tiene el libre albedrío de enfrentarse con el Creador – capacidad adquirida a partir de su ascenso desde este mundo. El camino por el cual el Creador ilumina y se muestra a sí mismo al hombre en los mundos de *BYA* no le impide a uno de existir libremente y llegar al mundo de *Atzilut*.

Para corregirse, el hombre debe elevarse a sí mismo a *Atzilut*. Él asciende con los *Kelim* de *GE* y con los *Kelim* de *AJaP* que se añaden a *GE*, y solamente su corazón de piedra queda debajo. El corazón de piedra es imposible de corregir, debido a que no se incluyó con las cualidades de *Biná*.

En síntesis: el hombre nació dentro de los mundos de *BYA* y a ellos tiene que retornar desde este mundo. Debe ingresar en ellos y conjuntamente con ellos ascender por encima de la *Parsá* y ubicarse en *Atzilut* (tal como el estado de "Shabat", en el cual debía ascender íntegramente por encima de la *Parsá*). Esto se consigue a través de las correcciones que el individuo realiza durante su ascenso de abajo hacia arriba, desde este mundo a los mundos de *BYA*, y luego al mundo de *Atzilut*.

Cuando *AhR (Adam HaRishon* – el primer hombre) esté completamente ubicado dentro de los mundos de *BYA* y conjuntamente con ellos ascienda al mundo de *Atzilut*, quedarán debajo de *Atzilut* únicamente el corazón de piedra de los mundos y el corazón de piedra de las almas (ver Diagrama N° 8). Ese es el estado de mayor corrección a la cual pueden llegar los creados. En relación a los creados esta situación se llama "fin de la corrección".

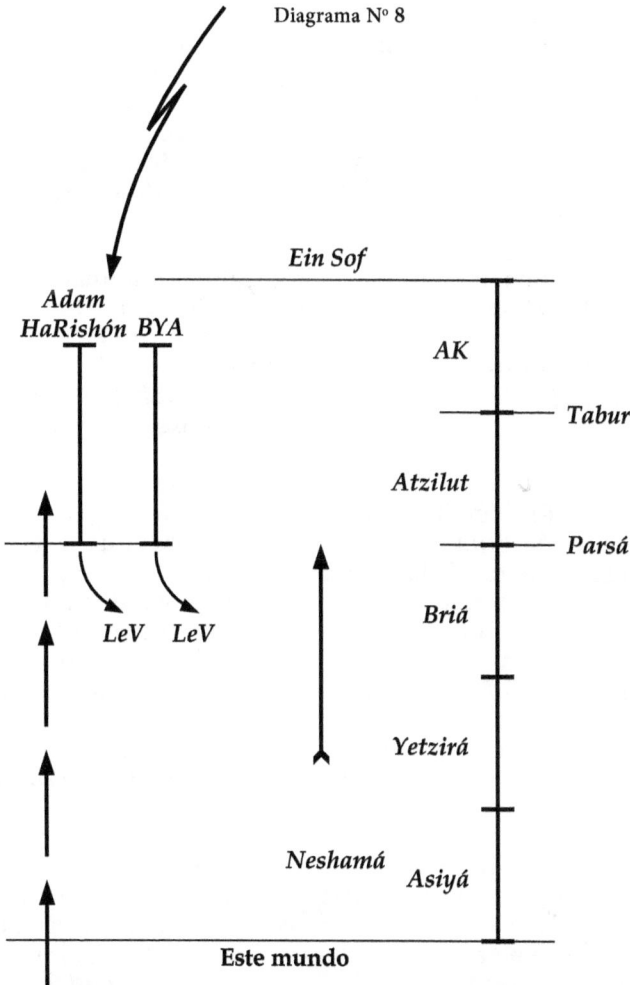

Diagrama N° 8

Rav Michael Laitman

Después del fin de la corrección llega una iluminación de Arriba denominada "Grande en proezas de Cabseel" (Samuel 2, 23:20) que corrige también el corazón de piedra. Este asciende a *Atzilut* y todos los mundos ascienden a *Ein Sof*.

Como hemos visto, posteriormente al rompimiento de los *Kelim* en el mundo de *Nekudim,* salió el mundo de *Atzilut. ZoN* de *Atzilut* ascendieron desde su lugar fijo, ocuparon los lugares de *AvI* y dieron nacimiento a los mundos de *BYA,* los cuales se extendieron hasta el *Jazé* del sitio establecido para el mundo de *Yetzirá*. Y luego del nacimiento de los mundos, *ZoN* de *Atzilut* dieron nacimiento a *AhR: Rosh, Garón, Guf,* y *Raglaim* (ver Diagrama N° 9).

Después del nacimiento de *AhR* llega una iluminación que se llama "tarde del Shabat", y todos los mundos, con *AhR* incluido, ascendieron diez *Sfirot*. Así ascendió todo el *Guf* de *AhR* arriba de la *Parsá*. Su *Rosh* se ubicó en el lugar establecido para *AvI* de *Atzilut,* y sus *Raglaim* quedaron debajo de la *Parsá* (ver Diagrama N° 9). Este ascenso se llama "primer ascenso" o "ascenso de la tarde del Shabat".

Cuando el *Rosh* de *AhR* estaba en *Biná* y sus *Raglaim* estaban en los *Kelim* de *Biná* que se encuentran debajo de la *Parsá,* es decir en las "Afueras de la ciudad", *AhR* pensó que se encontraba por completo en *Atzilut,* en el jardín de Edén. Por lo tanto supuso que comer del árbol del conocimiento estaba permitido. *AhR* pensó que era posible también usar los *Kelim* que se denominan "*Raglaim*", los *AJaP* verdaderos, y cuando hizo esto se rompió.

Con su rompimiento *AhR* provocó el descenso de los mundos nuevamente a sus lugares fijos, y a los mundos de *Kedushá* se añadieron los mundos de *Tumá – BYA* de *Klipá*.

Ahora, estando *AhR* roto, el alma debe pasar por *BYA* de *Tumá* para llegar a *BYA* de *Kedushá* (ver Diagrama N° 10). Pero como se dijo anteriormente, no es suficiente con esto para que tenga lugar la corrección del hombre. Este tiene que estar desconectado de la sensación del gobierno del Creador sobre él. Y debido a que la *Kedushá* y la *Klipá* las siente como influencia del Creador sobre él, es una necesidad que se encuentre debajo de ellas. El individuo debe encontrarse entre el bien y el mal que están absolutamente ocultos del Creador, en la situación que se llama "este mundo" (ver Diagrama N° 10). Ciertamente, esta situación es peor todavía que la situación del rompimiento de los *Kelim* en el mundo de *Nekudim*, pero le permite al hombre estar completamente desconectado del Creador.

Diagrama N° 9

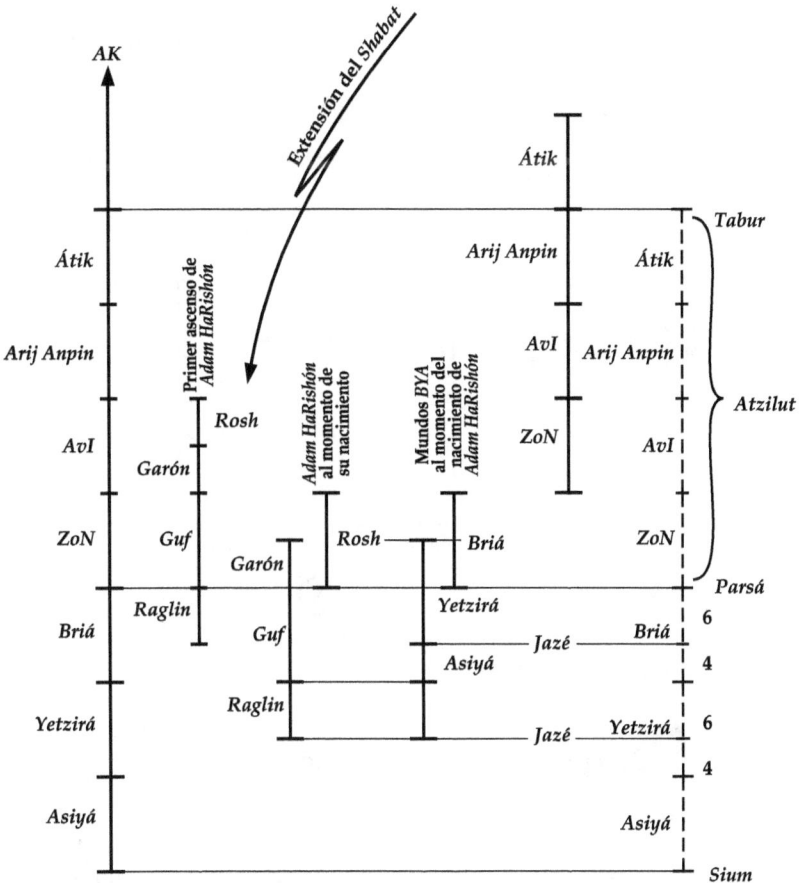

Rav Michael Laitman

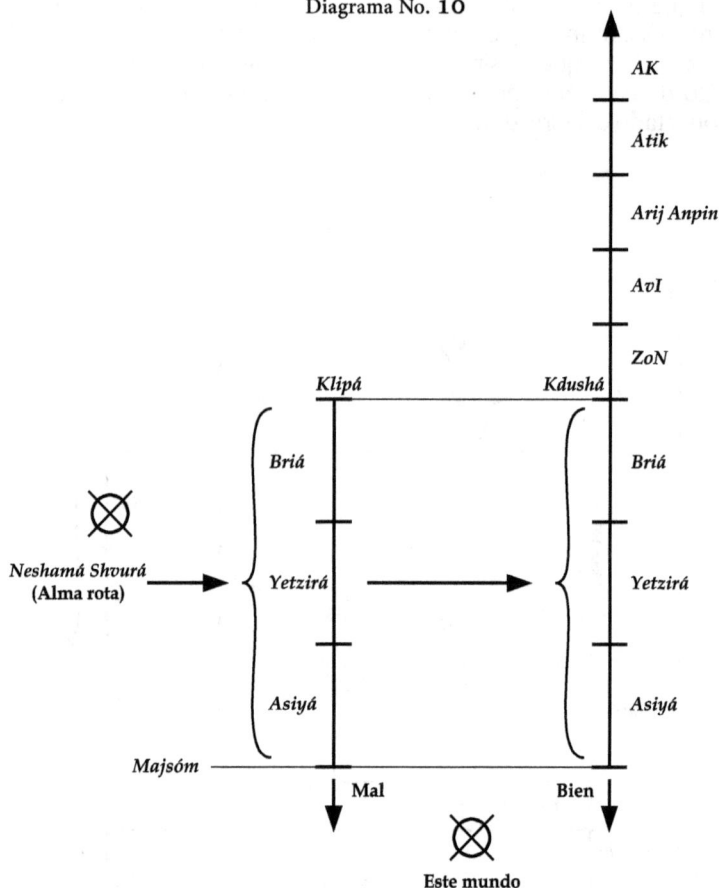

Diagrama No. 10

El ascenso espiritual

En nuestro mundo el individuo tiene que adquirir la fuerza de ser autosuficiente, de ser independiente del Creador. Solamente la persona que adquirió la fuerza de ser independiente se llama "creado", y el propósito del hombre en este mundo es hacer de sí un creado.

La purificación del individuo en este mundo es completamente diferente a la de los *Kelim* rotos del mundo de *Nekudim*. En este mundo el hombre tiene que aclarar verdad y mentira por encima de su propia sensación, sea buena o mala. Tiene que percibirse a sí mismo como independiente en relación al Creador, y ser independiente del Creador significa construir dentro de sí mismo un sistema de juicio diferente al de amargo y dulce, por encima de las sensaciones malas o buenas.

La razón de esto es que nuestras sensaciones se despiertan de parte de los *Kelim* – la Luz otorga al *Kli* y despierta en él una sensación buena o mala. Por lo tanto, para percibirse a sí mismo como independiente, uno tiene que sustituir su sistema de juicio de "amargo y dulce" por "verdadero y falso". Al individuo le corresponde construir la relación con el otorgamiento como verdad, por encima de amargo y dulce, abandonar por completo el uso de sus sensaciones como escala para determinar la situación, cuando sólo las distinciones cualitativas del atributo le sirven como escala, de forma tal que **verdad** es **entrega** y **recibimiento** es **falso**.

De este modo el individuo adquiere un *Masaj* sobre su *Kli*. El *Masaj* no es sólo la capacidad de no ser influido por los placeres; el *Masaj* es también la capacidad de no ser influido por el Creador. Así el hombre adquiere su independencia con la ayuda del *Masaj*, que le permite ser libre de su propia naturaleza en la determinación de la verdad.

Cuando uno adquiere su primer *Masaj* que le permite no estar influido ni por los *Kelim* ni por las Luces, o sea por su propia naturaleza, entonces atraviesa el *Majsom* (barrera). Después de esto ya puede presentarse frente al Creador como un creado independiente. Cuanto más avanza en la espiritualidad, tiene que crear una división entre sí mismo y el Creador y cuidar su independencia nuevamente, cada vez.

Luego que el individuo pasa el *Majsom*, entra entre los mundos de *Kedushá* y de *Tumá* e inicia su progresión. Esto es avanzar por "la línea media" (ver Diagrama N° 11). De esta manera el individuo asciende por los peldaños de la escalera hasta alcanzar el mundo de *Ein Sof.*

En el trabajo con el *Masaj* el hombre adquiere dos propiedades: el *Kli* de otorgamiento e independencia. Él otorga no porque sea "dulce", sino porque el otorgamiento es "verdad".

Diagrama N° 11

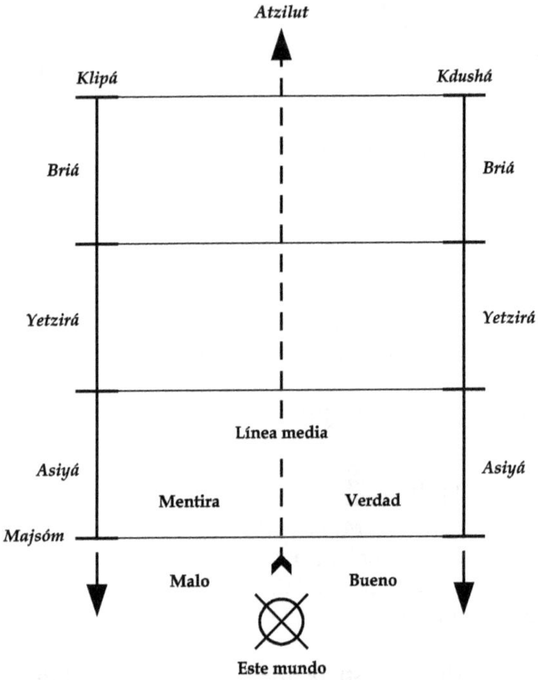

La sabiduría de la Cabalá explica cómo sucede la corrección de los *Kelim* en el hombre – una corrección que se lleva a cabo durante miles de años en este mundo, un mundo en el cual el concepto de tiempo es real – y en los mundos espirituales. En el próximo capítulo aclararemos el asunto de la corrección en el enmarco de este mundo y describiremos las formas de descenso posteriores al rompimiento del mundo espiritual al mundo material, el paso en el enmarco de este mundo, y la cuestión del ascenso desde este mundo a la corrección en los mundos espirituales.

SEXTA PARTE

Observación general – desde *Ein Sof* hasta tí y de regreso

Hasta ahora aclaramos el tema del desprendimiento de los mundos superiores del Plan de la Creación de beneficiar a sus creados. En esta parte, examinaremos nuevamente todo el proceso del desprendimiento, y luego aclararemos la relación que existe entre el mundo espiritual y el material.

El Plan de la Creación tuvo origen a partir del estado en el cual *Maljut* de *Ein Sof*, base del futuro creado, recibió toda la Luz, sintió vergüenza, se restringió a sí misma y decidió equiparar su forma con la del Dador, con el Otorgador. De hecho, el Otorgador es quien influyó sobre *Maljut* para que piense en ello y lo desee. *Maljut,* que actúa en sentido de la equivalencia de forma, aún no se siente activa. En estas etapas del proceso no se trata todavía del verdadero creado, sino del material de la Creación, del deseo de recibir que reacciona a influencias que le llegan desde Arriba, que son sensación de placer y sensación de quien da el placer.

En *Maljut* de *Ein Sof* se revelan *Reshimot* (reminiscencias), y de acuerdo a ellas, *Maljut* puede comenzar a actuar con *Masaj* (pantalla) sobre su deseo de recibir. Después del *Tzimzum* (restricción), ella construye su primera relación con la Luz, de recibir con el fin de otorgar. Así salen los cinco *Partzufim* de *Adam Kadmón* (*AK*). En el mundo de *AK* tampoco existe aún el creado, lo único que existe en él es la naturaleza de la Creación – en el mundo de *AK*, la materia, el deseo de disfrutar, responde a las dos fuerzas que actúan sobre él, el placer y quien da el placer.

Los cinco *Partzufim* de *AK* son el llenado de las *Tet Rishonot* (*TR*) (primeras nueve Sfirot), de las fases anteriores a *Maljut*. Cuando *Maljut* comienza a recibir con el fin de otorgar, las fases precedentes se transforman en *Sfirot*. El mundo de *AK*, es la impresión de *TR* sobre *Maljut*, de acuerdo a la medida de su adaptación a ellas. Por un lado, actúa sobre ellas la influencia del *Tzimzum Álef* (primera restricción), y por otro, la intención con el fin de otorgar. Por esto, y por sus impresiones de *Maljut*, las *TR* se restringen a sí mismas y deciden su forma de actuar con el *Masaj*.

El mundo de *AK*, representa cinco formas de recepción: *Kéter, Jojmá, Biná, ZA*, y *Maljut*, con las Luces *NaRaNJaY*. Con la salida de estos cinco *Partzufim* se concretaron todas las *Reshimot* desde *Ein Sof*, y se realizaron todas las posibilidades de recibir con el fin de otorgar. Ahora, sólo queda la propia *Maljut*, desde *Tabur* hasta el final. En esta parte, es imposible recibir con el fin de otorgar, porque el creado no tiene fuerzas para realizar acciones de otorgamiento por debajo del *Tabur*. El creado no quiere estar en una falta de equivalencia de forma con el Creador, y por eso, de acuerdo a su deseo, se produce un *Tzimzum* por debajo del *Tabur*.

Para ayudar al creado a avanzar en su otorgamiento, en su concordancia con el Creador, desciende el *Partzuf Biná* al final de *Galgalta* y le proporciona a *Maljut* la sensación de *Biná*. En el mundo de *Ein Sof*, era la Luz la que llenaba el *Kli* y le otorgaba la sensación del Otorgador. Es así como la Luz corrigió el *Kli* para que pueda concretar las acciones de otorgamiento en el mundo de *AK*. Ahora, con el descenso de las *Nekudot de SaG* por debajo del *Tabur*, desciende el propio *Partzuf Biná* por debajo del *Tabur*, hasta el final de *Galgalta*, y le otorga a *Maljut* la sensación de *Biná*.

Desde *Tabur* hasta la *Parsá*, se expande una *Biná* limpia, allí hay fuerzas de otorgar con el fin de otorgar. Desde *Parsá* hasta el final, actúa un nuevo *Tzimzum* – *Tzimzum Bet* (segunda restricción). Es decir, por debajo de Parsá, *Maljut* y *Biná* se influyen entre sí, y como resultado, ambas sienten una restricción mutua. *Maljut*, que está por debajo de *Parsá*, no puede recibir nada de *Biná*. Si lo hace, será un recibimiento con el fin de recibir. Por lo tanto, *Maljut* restringe a *Biná*.

Maljut hace *Parsá* en *Biná* y decide, que desde *Tabur* hasta la *Parsá*, la dominen las fuerzas de *Biná*, con la conexión entre *Biná* y *Maljut*. Desde *Tabur* hasta la *Parsá*, se puede propagar la *Kedushá* (Santidad), y por lo tanto, a este lugar se lo conoce como mundo de "*Atzilut*". Por debajo de la *Parsá*, no se puede propagar ninguna luz aparte de la "Luz de *Toladá*" (consecuencia, nacimiento de algo), que significa apenas una pequeña iluminación.

Resulta que en la corrección de la *Parsá* y en la salida del mundo de *Atzilut*, se llena solamente una pequeña parte de *Maljut* – desde el *Tabur* hasta la *Parsá* – y tampoco se llena realmente. Hasta la *Parsá* domina la *Biná*, la intención de otorgar con el fin de otorgar, y esta intención, no es la naturaleza de la *Maljut*. Resulta que desde el *Tabur* hasta la *Parsá*, *Maljut* no tiene corrección.

Para corregir al creado que está por debajo del *Tabur* de *Galgalta*, se produce un rompimiento de los *Kelim* (vasijas) en el mundo de *Nekudim*. En la ruptura de los *Kelim*, se mezclan los atributos de *Biná* y de *Maljut*, aunque lo hacen solamente a nivel de la intención con el fin de recibir. Este es el nivel en el cual son capaces de encontrarse juntas.

El rompimiento mismo es una acción muy grave. Como resultado de ella, caen *Maljut* y *Biná* juntas a un estado totalmente opuesto al del Creador. Toda huida o alejamiento del Creador no es un acto natural, y en espiritualidad se lo considera como un acto de suma gravedad. Pero no existe otra opción: sin el rompimiento de los *Kelim*, *Maljut* no podrá alcanzar la corrección.

Los *Kelim* se rompen, y de los restos de los *Kelim* rotos nacen los mundos de *ABYA*. Primero se creó el mundo de *Atzilut*, con *Kelim* que son fáciles de reparar – de *Galgalta Eynaim* (*GE*) que no se rompieron por sí mismos, sino como resultado de su conexión con los *Kelim* de *AJaP de Nekudim*. Después de la salida del mundo de *Atzilut*, se corrigieron los nuevos *Kelim*, originados como resultado de la inclusión de *GE* en *AJaP*, y de ellos, salen los mundos de *Briá*, *Yetzirá* y *Asiyá*. El mundo de *Atzilut*, creado con los *Kelim* de *GE*, imprime su forma en "*Ozen*", "*Jótem*" y "*Pe*" y como resultado, son creados los mundos de *BYA*.

En el momento de nacer, los mundos de *BYA* finalizan en *Jazé* del lugar fijo *de Yetzirá*. Por debajo de *Jazé de Yetzirá*, queda un lugar para los *Kelim* que son imposibles de corregir, los que pertenecen a la naturaleza del creado, a su *Lev ha Éven* (corazón de piedra). Estos *Kelim* solo pueden ser reducidos, y se los llama "*Klipot*" (cáscaras), y al lugar en que se encuentran, desde *Jazé de Yetzirá* y hasta el final, se los conoce como "sector de las *Klipot*".

Más adelante en el proceso, se corregirán también los *Kelim* del sector de las *Klipot*, con un acto especial de Arriba. El creado, por sí mismo no tiene el poder de corregir los *Kelim* del sector de las *Klipot*, pero puede obligar al Creador a repararlos. Si expresa su voluntad de repararse a través de todas las acciones que es capaz de realizar, obligará al Creador a que también repare los *Kelim* del sector de las *Klipot*.

Con la salida de los cinco mundos, *AK* y *ABYA*, se crearon cinco niveles de ocultamiento sobre el Creador, de modo que la futura criatura que será creada después de estos cinco mundos, no sentirá la Luz de *Ein Sof*, el Dador. Es fundamental, que el futuro creado sea independiente del Creador, como alguien que goza de libre albedrío. El futuro creado debe sentirse liberado de toda presión, como aquel que decide libremente las características, los estados y los objetivos que prefiera. Esta forma será corregida solo con la condición de que tanto los placeres como quien da el placer, permanezcan ocultos ante el deseo de disfrutar.

Al final de los tiempos, cuando el creado comience a corregirse a sí mismo y a ascender de abajo hacia Arriba, estos dos tipos de ocultamiento se definirán, como " ocultamiento doble" y "ocultamiento común". En el doble, el hombre corregirá la falta de sensación del "Dueño de casa", y en el común se corregirá la falta de sensación del placer.

Retomemos la descripción del desprendimiento de Arriba hacia abajo. Después de la salida de los cinco mundos *AK* y *ABYA*, debe ser creada la criatura humana – el "hombre". Con su semejanza al Creador, concretará el hombre el Plan de la Creación de beneficiar al creado.

La misma *Maljut* del mundo de *Atzilut* que dió a luz a los mundos de *BYA*, da luz ahora al *Partzuf* denominado "*Adam ha Rishón*" (*AhR*), nacido a partir de la unión entre el punto medio en *Ein Sof* y el final de la *Kedushá*, que se encuentra en *Jazé de Yetzirá*. Es decir, el nacimiento de *AhR*, es el resultado de la combinación entre las *TR* (nueve primeras *Sfirot*) corregidas en relación a *Maljut*, y la propia *Maljut*, el punto medio a *Ein Sof*. Esta *Maljut*, el punto medio *de Ein Sof*, perteneciente al material primitivo creado por el Creador, es la particularidad del *AhR*.

La *Maljut* del *AhR* actúa a través del ocultamiento que generan los cinco mundos, por lo tanto, puede expresar su actitud respecto al ocultamiento, elegir lo que prefiere. Ella puede decidir permanecer oculta y asimilarse al Creador, o desear el placer, sin tomar en cuenta su relación con el "Dueño de casa".

Pero cuando nace el *AhR*, el material primitivo de la Creación aún no tiene relación con la *Kedushá*, con *TR*, con las acciones de otorgamiento. Él se coloca desde *Jazé* hasta abajo del *Partzuf* de *AhR* y le falta el conocimiento sobre la existencia del Creador en *TR*. Él no está conectado aún con todos los atributos y pensamientos del otorgamiento, y tampoco los comprende.

El estado del *AhR* en su nacimiento, es muy similar al del mundo de *Nekudim* antes del rompimiento. Similarmente al mundo de *Nekudim*, en el *AhR* tampoco existe alternativa, más que causar el rompimiento para mezclar los atributos del otorgamiento con *Maljut*. El rompimiento del *AhR* se logra a través de una acción especial, en la cual se le "confunde".

En la víspera del Shabat, *AhR* se eleva con todos los mundos hacia un nivel en el cual está casi totalmente por encima de la *Parsá*, en

Kedushá. Parte de su *Kli* permanece debajo de la *Parsá*, pero no logra advertirlo, pero utiliza estos *Kelim* (vasijas) con la intención correcta, con el fin de otorgar, y aún así se rompe. Su intención es correcta, pero los *Kelim* que se encuentran por debajo de *Parsá*, están carentes de *Masaj* (pantalla), y es por eso que se rompe. Los mundos de *BYA*, descienden al lugar fijo, y las partes rotas del *AhR* caen dentro de ellos.

Al *AhR* se lo conoce también como "creado", "alma", o "alma general". Se llama "alma", porque así se denomina al máximo nivel de corrección que puede conseguir hasta el final de la corrección. Los niveles de *Jayá* y *Yejidá*, pueden unirse al alma sólo en pequeña medida.

Tras el rompimiento de *AhR* y de la caída de sus fragmentos en los mundos *BYA*, se construyen los mundos de *BYA de Tumá* (impureza) en contraposición a los mundos de *Kedushá* (santidad). Las carencias del *AhR*, reveladas en *BYA de Tumá*, hacen de hecho la diferencia entre los dos sistemas de los mundos, *Tumá* y *Kedushá*. Con esto queda claro, que las *Klipót* son imprescindibles, ya que a través de ellas se revela la carencia del alma. Las carencias que se deben corregir actúan a través de las *Klipót* y se revelan en el alma, y como resultado, el individuo comprende cuáles son las *Reshimot* (reminiscencias) que debe corregir para avanzar hacia el siguiente nivel de su corrección.

Por lo tanto, los mundos de *BYA de Tumá*, son utilizados como herramienta auxiliar por parte de los *Kelim* rotos. Los *Kelim* rotos que se hallan entre *BYA de Kedushá* y *BYA de Tumá*, distinguen entre las fuerzas positivas y las negativas, entre otorgamiento y recepción, y así, adquieren el poder de evaluar su naturaleza, de sentir y elegir. Los mundos están dentro del individuo, y no en algún espacio fuera de él. Si no existe el hombre, no hay mundos ni lugar para esos mundos. Todo lo que está escrito en la sabiduría de la Cabalá, se escribió en relación al hombre y en relación a su percepción de la realidad.

La Luz que se atrae desde el *Rosh* de *Arij Anpin de Atzilut*, rompió al *AhR* en 600.000 almas, en 600.000 piezas. ¿Qué significa el término "600.000"? El número que indica a *Arij Anpin* (*AA*) equivale a 10.000. El propio *AhR* es el *VaK* que llega a *GaR*, y duplica las diez *Sefirot* del *VaK* de la Luz de *Briá* del *AA*, que son 600.000 (600.000 = 10.000 x 6 x 10).

Las seiscientas mil piezas rotas, son, de hecho, las seiscientas mil almas rotas. La existencia de las almas en el mundo espiritual entre

BYA de Kedushá y *BYA de Klipá*, aseguran el poder del individuo de elegir libremente y de convertirlo en un verdadero creado. Un verdadero creado, es aquel, que aparte de tener un atributo opuesto al del Creador, tampoco siente Su presencia. El verdadero creado no siente presión alguna por parte del Dador, ni siquiera la más mínima. Si el creado hubiese sentido a quien lo creó, se despertaría en él la sensación de compromiso hacia el Creador.

Por lo tanto, es necesario llevar al creado hacia un ocultamiento mayor que el ocultamiento en el cual están inmersos los *Kelim* después del rompimiento. El rompimiento del *AhR*, debe continuar hasta que el creado alcance su materia primaria, y a partir de allí comenzará su camino. No obstante, la ruptura produjo que *Biná* y *Maljut* se mezclaran, pero cada pieza rota debe comenzar su camino de cero, desde el punto de "existencia de la ausencia". Además, no debemos olvidar, que en esa "existencia de la ausencia", en ese deseo de recibir del próximo creado, en la "ausencia", ya existe una chispa de *Biná*.

Este estado inicial se asimila al comienzo del desarrollo espiritual. En los comienzos de este desarrollo, el deseo de recibir no estaba conectado con la *Biná*, desconocía el atributo que se encontraba por fuera de él, al Dador. De hecho, sólo el *AhR* que nació después de la salida de todos los mundos, tenía conciencia del Dador y actuaba en consecuencia, y esto también lo consiguió en un grado mínimo, en "*Néfesh de Néfesh*" solamente. *AhR* recibió todos sus atributos y poderes desde Arriba, sin ningún tipo de carencia previa de su parte, y por eso, él siente solamente "*Néfesh de Néfesh*". Sin una carencia previa de parte del creado, resulta imposible percibir la verdadera realidad.

Este estado inicial, en el cual el creado comienza su camino de cero con el punto de *Biná* en su interior, se denomina "este mundo". Dentro de este estado, donde el creado incluye parte del Dador en su interior, comenzó a crearse nuestro universo.

Diagrama No. 1

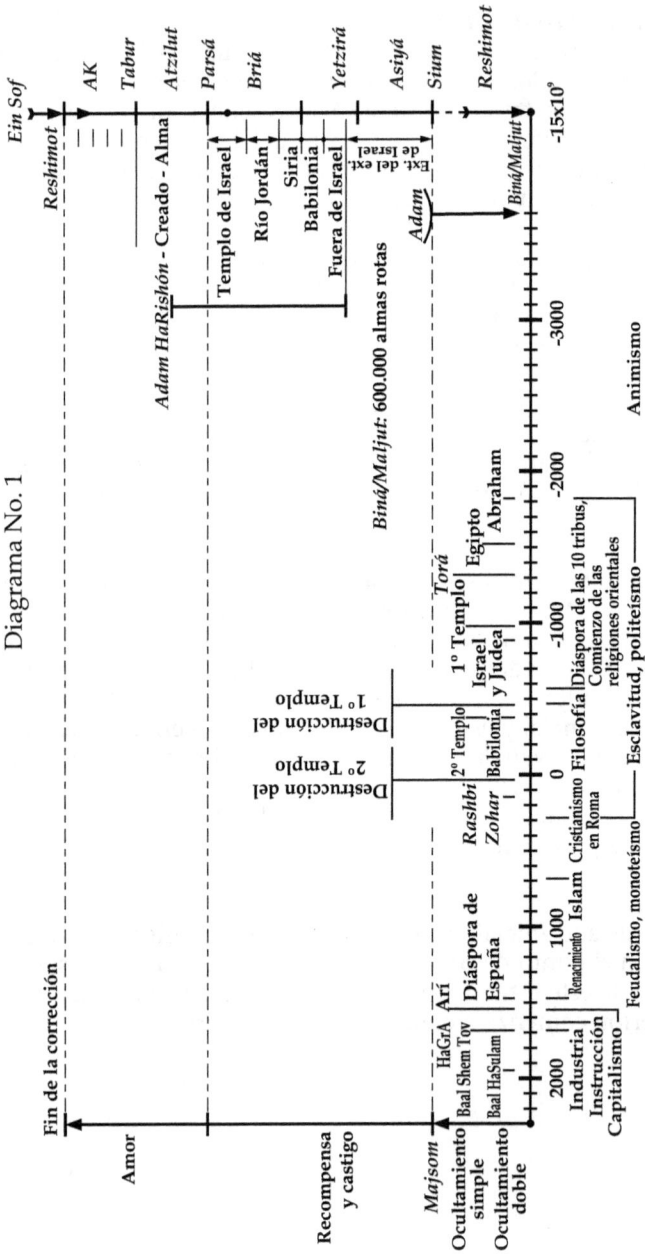

Copia del mundo espiritual a nuestro mundo

Ahora explicaremos el desarrollo en nuestro mundo. En el diagrama que nos acompañará durante la explicación, vemos una flecha que representa la construcción de la materia en nuestro universo, directamente del mundo espiritual hasta el material (ver Diagrama N° 1, del lado derecho), pero en realidad no existe una relación directa entre la espiritualidad y la materialidad. La conexión entre ellas es únicamente una conexión de traspaso. Nuestro mundo es un calco del mundo espiritual. El mismo material del rompimiento del *AhR,* comienza a clarificarse por la Luz Superior, con los comienzos del desarrollo en este mundo. Las *Reshimot* (reminiscencias) del rompimiento del *AhR* que cayeron en este mundo, se rompieron de tal forma, que solo quedaron de ellas *Reshimot* primarias de todas las combinaciones posibles de la unión entre *Biná* y *Maljut,* en los diferentes niveles de *Aviut* (espesor). Y esas *Reshimot* se van esclareciendo.

Con el fin de ilustrar el desarrollo en este mundo, tomaremos como un hecho la existencia del concepto del tiempo ya que podemos expresar el orden de las acciones en nuestro mundo, solo a través del tiempo. No es este el lugar para discutir la cuestión del tiempo en relación a la percepción de la realidad según la sabiduría de la Cabalá, pero es conveniente señalar que al debatir sobre este tema se aclarará el motivo por el cual el individuo no tiene cómo referirse a sí mismo, si no es dentro del enmarco de la realidad del tiempo.

Partamos entonces del punto de vista científico que sostiene que la materia comenzó a formarse hace unos quince mil millones de años. Cuando decimos materia, estamos hablando del material de este mundo, del material tangible, que como hemos dicho, es el deseo de recibir que porta consigo chispas de *Biná.*

El encuentro entre el deseo de recibir y los atributos de *Biná,* es el motivo de vida de la materia y su desarrollo. Cada una de las partes de la materia, incluye en su interior dos características contrapuestas: absorción y expulsión, fuerza de atracción y fuerza de repulsión, presión desde el exterior y presión hacia el exterior, etc. Cada parte de la materia, desde la partícula más pequeña hasta la mayor acumulación de partículas, está construida y existe en base al equilibrio entre dos fuerzas, incluso la materia a nivel inanimado.

De hecho, el nivel inanimado no es en realidad inerte. En su interior tiene vida, y actúa de acuerdo a ciertas reglas. Lo que distingue al nivel inanimado del resto de los niveles de la materia es que su deseo de recibir no se desarrolla.

Entonces, el próximo paso en el proceso de desarrollo de la materia – la formación del sistema solar y el planeta tierra – se produjo hace unos cuatro mil millones de años. Baal HaSulam (Rabí Yehuda Ashlag) describe el proceso de formación del planeta, como un proceso de calentamiento y enfriamiento de decenas de millones de años. Hace unos tres mil quinientos billones de años, cuando el calor tomó su lugar en las profundidades de la tierra, y una corteza fría se endureció en su exterior, comenzaron a aparecer las primeras formas de vida. Primero apareció la vida en el nivel vegetal, y luego – en el animado. Las *Reshimot* fueron saliendo una tras otra en orden de causa y efecto, y en consecuencia, las formas vivientes se fueron convirtiendo cada vez en más y más complejas.

Hace ocho millones de años, aparecieron las primeras criaturas[5], la vida de acuerdo a la regularidad similar a la nuestra; y hace unos 150,000 años se produjo el momento de salida del *Reshimó* (registro) del ente llamado "hombre inteligente"[6]. Aunque su forma biológica se asimilaba a la del hombre contemporáneo, no estaba desarrollado en absoluto en su interior. Fueron necesarias otras decenas de miles de años para alcanzar su desarrollo interior.

Hace cuarenta mil años, el desarrollo del hombre alcanzó el establecimiento de estructuras sociales complejas. En esos tiempos el hombre comenzó a creer en las fuerzas de la naturaleza. Comenzó a formarse en él una sensación de que no lo sabe todo, que existen fuerzas que no comprende y coincidencias que no logra explicar. Comenzó a sentir que hay algo fuera de él que lo domina misteriosamente. Con estas sensaciones, empezaron a

5. Los Homininos – primates homínidos
6. Homo Sapiens

desarrollarse las primeras creencias antiguas, y principalmente, las creencias animistas[7]. Y así fue hasta la época del "primer hombre".

"El primer hombre", es el primer ser humano que logró alcanzar la Divinidad, y de ahí su nombre. No hay que confundirse con el *Partzuf* espiritual llamado también primer hombre (*Adam ha Rishón*). A diferencia de sus contemporáneos, en este hombre crecieron y se despertaron las *Reshimot* de *Biná* en lugar de las de *Maljut*, y como resultado alcanzó la Fuerza Superior.

El alcance espiritual del primer hombre era claro y muy fino, ya que sus *Kelim* eran sumamente puros. Según la tradición, Adán fue el primero en escribir las letras y la escritura en general, y su revelación la escribió en el libro llamado **El Arcángel Raziel**. El primer hombre simboliza el comienzo del desarrollo. A partir de él, comenzaron a esclarecerse en el hombre otros discernimientos que permitieron a otras almas la posibilidad de alcanzar la espiritualidad. Durante veinte generaciones, desde Adán hasta Abraham, hubo otros cabalistas que experimentaron grados diferentes de contacto con la Fuerza Superior. Dentro de sus alcances espirituales, y de acuerdo al Plan de la Creación, siguieron esclareciéndose en ellos las *Reshimot* de *Biná*. Fue así hasta los tiempos del patriarca Abraham.

Abraham adquirió el Plan de la Creación, y esclareció su *Reshimó* de la manera más esencial. De hecho, él estableció el método de conexión, de revelación y corrección, y por lo tanto se lo llama "Abraham" (padre del pueblo). Abraham es el padre del futuro pueblo, un pueblo en el cual todas sus partes serán como piezas del alma del primer hombre. Según la tradición, él fue quien escribió el *Sefer Yetzirá* (Libro de la Creación).

Junto con la aparición y evolución de los cabalistas, se desarrolló también toda la humanidad. Como mencionamos anteriormente, en la estructura del mundo espiritual, el deseo de recibir se divide en cinco niveles de *Aviut*: Raíz, 1°, 2°, 3° y 4°. En consecuencia, el deseo de recibir que existe en la humanidad, debe pasar por sus cinco niveles de *Aviut*, hasta que en su último

7. Animismo – Creencia según la cual objetos inertes naturales tienen vida. Esta creencia se atribuye generalmente a las sociedades primitivas antiguas.

nivel estalle el deseo de recibir con todas sus fuerzas, hasta en los deseos más bajos y pequeños que existen en él. Entonces, también estos deseos se unirán al proceso de corrección. Por lo tanto, evaluaremos cómo se desarrolló el deseo de recibir entre aquellos que alcanzaron la espiritualidad, o sea los cabalistas, y en la humanidad en general.

Desde "Adán" en adelante, se denomina a quien alcanzó la espiritualidad cuando corrige su alma con el nombre de "Israel". Este apodo indica que existe un anhelo – *Yashar - El* (directo al Creador). En cada hombre existen *Reshimot* de *Biná* y de *Maljut*, de ambas clases. La acción del hombre se determina según el predominio de *Biná* o de *Maljut* dentro de las *Reshimot* que se despiertan en él. En ciertas personas, las *Reshimot* de *Biná* son las dominantes. Estas *Reshimot* demandan del individuo la búsqueda de un llenado para la carencia del atributo de *Biná* que se revela en él, y así comienza su camino espiritual y se convierte en cabalista. En el resto de las personas, actuan *Reshimot* de otro tipo – *Reshimot* en las cuales *Biná* está oprimida por *Maljut*.

Como hemos dicho, los tiempos que precedieron a Adán, se caracterizaron por el animismo. Durante ese período, el hombre comenzó a dar importancia a la existencia de fuerzas ocultas en la naturaleza y crearon las primeras creencias religiosas, las primarias.

Desde los tiempos de Adán y hasta la aparición de Abraham, tuvo lugar el desarrollo de la fe politeísta, creencia en muchos dioses. Taré (heb: Teraj), el padre de Abraham, era conocido como idólatra. Cada fuerza de la naturaleza, él la atribuía a la cualidad de cierto soberano y se inclinaba ante él. Fue precisamente por la idolatría de su padre que Abraham tomó conciencia que no existe en la realidad más que una Fuerza Superior única. Así descubrió que esta Fuerza es bondadosa y no existe en ella nada negativo. El descubrimiento de Abraham representa un avance importante y fundamental, que no tiene precedentes.

Por lo tanto, Abraham es el primero en descubrir que toda la realidad proviene de un solo origen. Él negaba la existencia de diversas fuerzas y dominios, buenos o malos. Pero también, cientos y miles de años después de la época de Abraham, las personas continuaron sosteniendo diversas creencias primitivas. En la antigua Grecia, por ejemplo, acostumbraban a dar forma a las fuerzas superiores, y las representaban combatiendo entre sí, esposándose entre sí, etc., tal como se describe en la mitología griega. El hombre tiende a "humanizar" las fuerzas superiores: atribuye y proyecta su forma y comprensión humana y personal a las fuerzas superiores.

Tal vez, esas percepciones primitivas existen también hoy en día. Un ejemplo de ello es la creencia en las fuerzas buenas y malas. Las personas creen y buscan la buena suerte, y se escapan del "mal de ojo". Ellas no comprenden, que todos los sucesos de la realidad provienen de una sola fuerza, que actúa sobre el hombre para atraerlo hacia lo positivo, y solamente el hombre es quien divide la influencia de esa única fuerza en buena y mala, según su propio grado de corrección o corrupción.

Por lo tanto, Abraham fue el primero en descubrir la Fuerza Superior de una manera clara y sistemática, alcanzó la percepción de las diferentes formas de acción de la Fuerza Superior sobre el hombre y la manera en la que el hombre se puede comunicar con ella. El sistema de revelación y corrección, el método para percibir correctamente la realidad, fue entregado por Abraham a sus hijos y discípulos.

La aparición de Abraham indica el comienzo de una nueva era en la humanidad. El deseo de recibir, el ego en la humanidad, creció de tal manera que despertó en el hombre el afán de dominar y esclavizar a los demás. Las personas comenzaron a ver en el control algo conveniente y se sintieron impulsados a conseguirlo.

En aquellos tiempos, Abraham y sus discípulos desarrollaron la fe monoteísta, la cual sostiene que solo una Fuerza Superior actúa en la realidad, y que el hombre debe lograr una equivalencia de forma con ella. Ellos descubrieron que la Fuerza Superior es buena, y lo malo proviene de nuestros caracteres egoístas, que son opuestos a los atributos de la Fuerza Superior. De forma natural, todo lo que se contrapone al ego del hombre, lo vemos como negativo.

Como hemos dicho, contraria a la perspectiva de Abraham y sus discípulos, se desarrolló en el mundo la fe politeísta. Cientos de años después de Abraham, la mayoría de los pueblos, incluso los más avanzados como Grecia, por ejemplo, continuaron creyendo en dioses múltiples. De hecho, hasta el siglo 5 a.c., aproximadamente, la humanidad siguió adorando las diferentes fuerzas de la naturaleza, creyendo que eran ellas las fuerzas que obraban.

No obstante, de la época de Abraham en adelante, la parte de *Maljut* oprimió la parte de *Biná* en la mayoría de la humanidad, y Biná se sobrepuso a Maljut solo en una pequeña minoría. Esta minoría son los que llamamos "descendientes de Abraham". La parte de *Biná* en los descendientes de Abraham, aceleraron las etapas de su desarrollo. El deseo de recibir se reveló en ellos más rápidamente, y como resultado, descendieron al "exilio de Egipto". Fueron "setenta almas" las que descendieron al exilio de Egipto, durante el cual experimentaron la sensación de esclavitud, tanto material como espiritual. Esta sensación los hizo tomar conciencia de que debían salir de Egipto.

Todos tienen claro cuál es el significado de la esclavitud en el sentido material, pero el significado espiritual de la palabra requiere una explicación. La espiritualidad posee dos caras: *Kedushá* (santidad) y *Klipá* (cascara). Al descender a Egipto comenzaron a revelarse las *Klipot*. Estas se revelaron en contraposición al sistema de adhesión a la Fuerza Superior que fue recibido de Abraham, Isaac y Jacob – sistema de la "línea media". La *Klipá* se reveló ante aquellos que se encontraban ya en un reconocimiento espiritual, las "setenta almas" que descendieron a Egipto. Ellos son los que empezaron a sentir fuerzas en contra de la *Kedushá*, y se sentían como sometidos entre fuerzas de impureza y santidad, entre el "Faraón" y el "Creador".

En el "exilio de Egipto", espiritualmente hablando, el hombre comienza a clarificar la corrección de *Maljut* en el deseo de recibir que se va intensificando. Evalúa qué se puede hacer cuando el crecimiento de *Maljut* es constante, mientras que a él se le exige elevarse por encima de ella y corregirla. Este es el significado de esclavitud – restringir a *Maljut* una y otra vez cuando nos encontramos dentro de "Egipto", para lograr permanecer como "pueblo de Israel", en el atributo de *Biná*.

El exilio de Egipto finaliza con la sensación de que resulta imposible permanecer bajo el dominio de *Maljut*. Es imposible continuar restringiéndola, ya que un solo paso más hacia esa dirección conducirá a la muerte. Entonces llega el estado de las "diez plagas". En este estado, el hombre debe abandonar la lucha que existe dentro de él entre *Biná* y *Maljut*, y hacer que *Biná* domine sobre *Maljut*. La historia del éxodo de Egipto es, de hecho, la descripción de la fuga del hombre del dominio de *Maljut*. En "Egipto", uno se da cuenta que la combinación actual entre *Biná* y *Maljut*, que se encuentra en su interior, no le permite trabajar con la *Maljut*. Uno comprende que no le queda otra alternativa más que utilizar la Fuerza Superior para restringir a la *Maljut* y unirse a *Biná*. La huida de *Maljut* se llama "milagro del éxodo de Egipto".

Entonces, después que esclarecimos los conceptos espirituales de los términos "esclavitud" y "éxodo de Egipto", retomaremos la descripción del desarrollo a lo largo de la historia. Aproximadamente en el siglo trece a.c., los hijos de Israel llegan al "recibimiento de la Torá" y obtienen un nuevo método de corrección. El sistema de corrección de Abraham, ya no alcanza para tratar el deseo de recibir que se intensificó en Egipto. El impulso por parte del hombre, y el reconocimiento natural de la Divinidad según las *Reshimot*, ya no son suficientes. Es necesario un sistema nuevo, más avanzado. Ahora, el hombre debe actuar en cierto sentido interior: conectándose con los demás, en una corrección especial denominada "responsabilidad mutua", debe crear en torno al deseo de recibir que se le ha adicionado ciertas condiciones para que la Luz Superior ejerza sobre él como "Luz que reforma". La "Luz que reforma" se denomina *Torá*, y es la que llevará el alma del hombre a la corrección. A través de ella, el individuo puede formar un *Masaj* (pantalla) sobre el nuevo nivel de *Aviut* (espesor), que ha aumentado en su deseo de recibir.

El nuevo método de corrección, mediante el cual los "hijos de Israel" avanzan de ahí en más, se denomina "Torá". "Hijos de Israel" son aquellos que aceptaron el sistema de Abraham, y que en los tiempos de la esclavitud en Egipto, se acrecentó en ellos el deseo de recibir. Es decir, también en la época llamada "esclavitud de Egipto", se desarrollaron paralelamente entre los descendientes de Abraham el deseo de recibir y parte de la *Biná* que hay en ellos.

Mientras tanto, paralelamente a la evolución de Israel, se desarrolla también la humanidad, aunque en esta última, la parte de *Maljut* va en aumento en relación a *Biná*. Las chispas de *Biná*, no se sienten aún en las naciones del mundo, en la parte rota de *Maljut*.

De acuerdo a su estado espiritual, los hijos de Israel se encuentran en esa época en la Tierra de Israel. Para esclarecer el significado del término "Tierra de Israel", retomaremos la descripción de la estructura del mundo espiritual. Todos los mundos espirituales son una expansión de la forma de la fuerza espiritual dentro de la materia, dentro del deseo de recibir, de acuerdo a la *Aviut* de la materia. La diferencia entre los mundos se nota en su materia y no en su forma, ya que la forma de todos los mundos es la de otorgamiento. Es decir, aunque el material de los mundos es diferente, la forma del material sigue siendo la misma. Por ejemplo, el mundo más inferior de todos, el mundo de *Asiyá*, imprime su forma en el material de nuestro mundo, y aunque el material de nuestro mundo es totalmente egoísta, también en su interior se graba la misma forma que existe en los mundos espirituales.

Durante la evolución de nuestro mundo, junto con la revelación de la materia, se va descubriendo la forma de nuestro mundo, similar a la del mundo superior. Por lo tanto, también en nuestro mundo material existe una división semejante a la de los mundos *ABYA*. Aunque parte de la *Atzilut* en nuestro mundo aún no se concretó en la práctica, otras partes que están conectadas con *Biná*, y la relación entre *Biná* y *Maljut* fueron copiadas a nuestro mundo y se manifiestan en lugares que supuestamente son más sagrados que otros. Cabe señalar aquí que los lugares en sí no encierran ninguna *Kedushá* (santidad); esta se halla solamente en el hombre cuando su alma se encuentra en *Kedushá*. Pero la relación entre los sitios sagrados, quién más y quién menos, es como una copia de la relación entre *Kedushá* y *Klipá* (cascara) en los mundos espirituales.

En los mundos espirituales encontramos el "Templo", el "Monte de Moriá", "Jerusalén" e "Israel" en el mundo de *Briá*. La Tierra de Israel recorre desde *Parsá* hasta *Jazé de Briá*. La mitad inferior de *Briá* - TNAY (Tiféret, Netzaj, Hod, Yesod) del mundo de *Briá* - es "Transjordania". La *Maljut* del mundo de *Briá* es "Siria", y debajo de ella hasta el *Jazé de Yetzirá* está "Babilonia" (ver Diagrama N° 2). Todos los lugares, desde Israel hasta Babilonia se encuentran, por lo tanto, por encima de *Jazé de Yetzirá*. Estas son las zonas donde actúa aún la sagrada iluminación de *Atzilut*. Las partes que se encuentran por debajo de *Jazé de Yetzirá*, pertenecen a la sección de *Klipot*.

En consecuencia, también en nuestro mundo, a las regiones alejadas de Babilonia, se las conoce como "afueras de Israel".

La estructura de los mundos espirituales se ve reflejada también en las conquistas del rey David, que en sus guerras, conquistó todo los lugares que se encuentran hasta el *Jazé* del mundo de *Yetzirá*. Esto es así porque hasta el *Jazé de Yetzirá* continúa el dominio de *Maljut de Atzilut*, la cual representa el rey David.

Siendo así, después del recibimiento de la Torá y antes del orden de revelación de las *Reshimot*, llegan los hijos de Israel a la Tierra de Israel, y también al estado en que es posible construir el Templo. Es decir, de acuerdo a sus estados espirituales, los hijos de Israel llegan a la Tierra de Israel material y construyen el Templo. La construcción del primer Templo en este mundo simboliza la revelación de *"Mojín de Jayá"* (Luz de *Jayá*) en las almas de los hijos de Israel. El primer Templo es el estado espiritual más elevado que se haya revelado de Arriba hacia abajo.

Cabe señalar que todos los pasos descritos hasta ahora, desde Adán, pasando por Abraham y su descendencia y hasta el primer Templo, son aún una revelación de Arriba hacia abajo. En la realidad no existe una concordancia exacta entre ellos y los procesos acontecidos en la espiritualidad, en el desprendimiento de Arriba hacia abajo. Si bien el proceso espiritual debe ser copiado exactamente en la realidad material, esta copia será concretada solamente después que el hombre comience a ascender de abajo hacia Arriba.

Todos los eventos descritos hasta ahora, ocurren todavía en el marco del desprendimiento de Arriba hacia abajo, de lo *Zach* (puro) a lo *Av* (espeso). Solo en nuestros días, en los que la humanidad está alcanzando sus últimas etapas de desarrollo, comienza el ascenso de abajo hacia Arriba.

Volvamos entonces a la descripción de la evolución a través de la historia. Después de la construcción del primer Templo, el deseo de recibir continúa creciendo tanto en las naciones del mundo como en el pueblo de Israel. Como resultado de esto, comienzan los israelitas a descender de su alto nivel de espiritualidad, del nivel llamado Primer Templo. En este punto, el pueblo de Israel se divide en dos: Judea e Israel. Alrededor del año 722 a.c, Israel es expulsado de su tierra y desde entonces no se supo su destino. Las diez tribus serán descubiertas solo al final de los tiempos. El exilio de las mismas representa el comienzo de la unión entre *Biná* y *Maljut*, la creación de un vínculo entre Israel y las naciones del mundo.

Como hemos dicho, en aquellos días prospera entre los pueblos del mundo la fe politeísta y nacen además las religiones orientales. Buda (483-563 a.c), Confucio (479-551 a.c), Lao-Tsé (600 a.c) y muchos otros fundadores de religiones del lejano oriente, comenzaron a actuar en esos tiempos. En esa época, comienza también el desarrollo de la filosofía.

No es casual que los principales filósofos procedieran de las naciones cercanas a Israel. Los profetas de Israel que se dedicaban a la sabiduría de la Cabalá, se conectaron con los pueblos vecinos y partes de información sobre la percepción de la realidad, de acuerdo a la sabiduría de la Cabalá, se filtraron en los pueblos circundantes. Los filósofos fueron expuestos al conocimiento cabalístico, pero al no tener un reconocimiento real del mundo espiritual, por no haberse despertado entre ellos aún las *Reshimot* de *Biná*, supuestamente copiaron el conocimiento espiritual que adquirieron, aparentemente, sobre el material físico, y de aquí nació la corrupción conocida como "filosofía".

En ese mismo tiempo se fue ensanchando la ruptura en el pueblo de Israel. Tras la división entre Judea e Israel y el exilio de las diez tribus, también comenzó a agravarse la división entre aquellos que permanecieron en Israel. En definitiva, fue destruido el primer Templo, y el pueblo fue exiliado a Babilonia. El exilio de Babilonia duró setenta años. Este fue un exilio breve para una redención rápida. El exilio de Babilonia fue una especie de purificación, similar a la del rompimiento de los dos *Partufim* en el mundo de *Nekudim*. A su regreso a Israel, aquellos que regresaron a Sion, comenzaron a construir el segundo Templo. Darío II, rey de Persia, que según la tradición es el hijo de la reina Ester y el rey Asuero, fue justamente quien dio su bendición para construir el segundo Templo.

Durante el exilio de Babilonia, Israel preparó sus *Kelim*, y como resultado, alcanzaron en el segundo Templo el nivel de "*Mojin de Neshamá*", la "Luz de *Neshamá*".

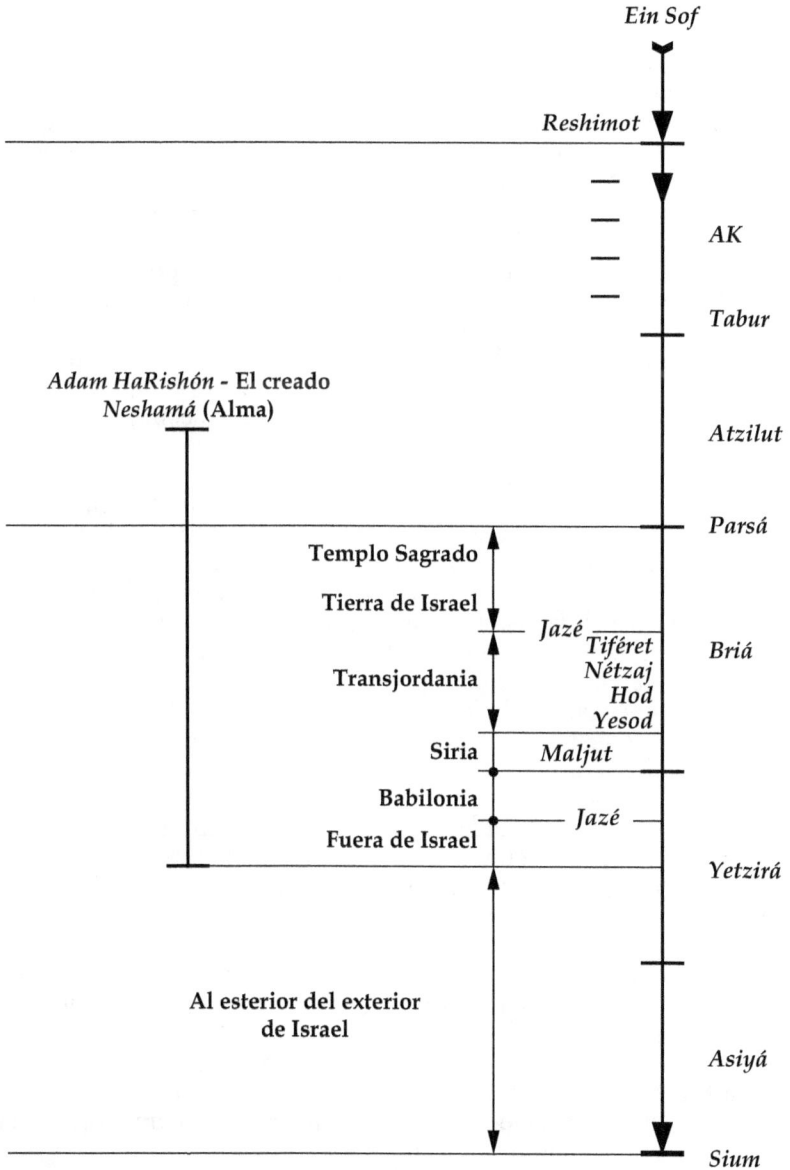

Diagrama No. 2

Ein Sof

Reshimot

— *AK*

— *Tabur*

Adam HaRishón - El creado
Neshamá (Alma)

Atzilut

Parsá

Templo Sagrado

Tierra de Israel

Jazé —
Tiféret   *Briá*
Nétzaj
Hod
Yesod

Transjordania

Siria   *Maljut*

Babilonia
Jazé —
Fuera de Israel

Yetzirá

Al esterior del exterior
de Israel

Asiyá

Sium

Rav Michael Laitman

En la época del segundo templo comenzaron a revelarse en el pueblo muchas corrupciones que de acuerdo a la relación entre *Klipá* y *Kedushá*, condujeron al ascenso del Imperio Romano, como está escrito: "Cuando este se levanta, el otro se cae...no se fortaleció Tiro (ciudad del Líbano) sino con las ruinas de Jerusalén" (interpretación de *Rashi* sobre Génesis 25, 23). Y efectivamente, a lo largo de la historia podemos observar, que cuando Israel cae de la *Kedushá*, de la corrección, trae una inminente prosperidad entre las naciones del mundo – y no entre las mejores de ellas, sino en las peores.

Las controversias y divisiones en Israel en los tiempos del segundo templo, fortalecieron, como hemos dicho, al Imperio Romano, que condujo en definitiva a que conquistaran Israel. El pueblo de Israel cayó en un nivel donde no podía seguir perteneciendo espiritualmente ni al templo, ni a Jerusalén, ni a a la tierra de Israel. Así es como ocurrió en el nivel espiritual y como consecuencia, también en el material.

En los años 70 d.c, los romanos destruyeron el segundo templo material. Pero el escalón espiritual interior llamado "templo", fue destruido dentro de los corazones del pueblo de Israel, todavía antes de que se destruyera el templo material. En aquellos días, Rabí Akiva enseñaba la regla de "Ama a tu prójimo como a ti mismo". Él actuaba pensando corregir la distorsión que se revelaba en las almas de Israel, pero fue en vano. El pueblo de Israel salió al exilio en el sentido espiritual, y en consecuencia, también en el material. A finales de esa época, y comenzando el último exilio, se escribió el libro del Zohar. En el propio Zohar está escrito, que este se revelará públicamente, solo después del exilio.

Desde que la espiritualidad le fuera revelada naturalmente a Adán, y hasta la época del segundo templo, el pueblo de Israel mantuvo un cierto reconocimiento espiritual. Ahora, después de la destrucción del segundo templo, los hijos de Israel cayeron por completo de su nivel espiritual. Como resultado del rompimiento y de la pérdida de la conciencia espiritual, unas chispas de la *Kedushá* penetraron en *Maljut*, y dieron lugar a la formación de las religiones: el cristianismo como "*Klipá* izquierda", y el islam, como "*Klipá* derecha". También el pueblo de Israel cayó de su creencia natural, la sabiduría de la Cabalá, a la creencia externa que conocemos hoy en día. Todas las prácticas externas del judaísmo se determinaron como una copia de la espiritualidad – como copia y nada más.

La *Klipá* izquierda, el cristianismo, conquistó Roma y a través de ella, llegó al resto del mundo. Más tarde, el Imperio Romano se dividió en Roma y Bizancio, y comenzó así un proceso complejo, que no aclararemos aquí. Solo señalaremos, que en la base de este proceso, se encuentra también la relación entre *Biná* y *Maljut* de las *Reshimot*, y su desarrollo es de acuerdo a la medida en que Israel debe mezclarse con los otros pueblos.

Después de salir al exilio, el pueblo de Israel debió hallarse materialmente entre todas las naciones: en España, Alemania y Francia, en todos los países europeos, y países árabes. De acuerdo a las revelaciones futuras de las partes de Israel en lo espiritual, deambuló Israel entre las naciones del mundo en el nivel material. En este contexto, debemos comprender que tanto el cristianismo, como el islam, son solo formatos anteriores a la revelación de la verdadera religión, la del otorgamiento. También el judaísmo, durante el exilio, es el formato anterior a la revelación de la religión del otorgamiento. Así lo explica Baal Hasulam en los escritos de "La última generación".

El próximo punto a resaltar en el proceso del crecimiento del deseo de recibir, es la época de la Edad Media. Muchos la describen como una época de estancamiento, pero de hecho, es totalmente lo contrario. En la Edad Media comenzó a solidificarse el futuro de toda la humanidad y se estableció la base del desarrollo del Renacimiento, y tras él – el del capitalismo, la época de la iluminación en el siglo XVII y la revolución industrial. Así, de acuerdo al aumento del deseo de recibir en la humanidad, se desarrolló la forma socio – económica de la humanidad a lo largo de la historia, desde el trueque hasta el capitalismo.

Las religiones que surgieron a raíz del exilio de Israel y la caída de Israel de la espiritualidad al materialismo, pueden ser consideradas como un progreso en relación al estado anterior, al politeísmo. Esta fe se basaba en la adoración de múltiples dioses, mientras que el cristianismo y el islam creían en un solo Dios, aunque el cristianismo, no es considerado un monoteísmo puro.

A pesar del intenso fanatismo religioso en la Edad Media, la humanidad prosiguió su avance. El ego continuó creciendo, y la humanidad pasó a la etapa del Renacimiento y a la cultura humanística, que pone a la persona como figura central.

En este respecto, observamos que hasta la época de Adán, prácticamente no existía en el hombre la realidad del "yo". El humano se comportaba y existía como un animal, vivía en cuevas y no distinguía entre sí mismo y la naturaleza. El deseo de recibir del hombre, el ego, era aún pequeño. Desde Adán en adelante, conjuntamente con la fundación de grandes ciudades y la cultura mesopotámica, el hombre comenzó a identificarse con su ciudad, con su tribu y su familia. El ego fue creciendo y él hombre tomó consciencia de su "yo" y de su entorno. Luego, comenzó a creer en la existencia del poder superior y en consecuencia, se consideraba como soberano, como la corona de la creación. Es decir, cuanto más crecía el ego, su comprensión de la Fuerza Superior y de él mismo era más profunda.

La época de la Iluminación en el siglo XVIII, es la expresión del crecimiento del ego donde el hombre considera a su "yo" como lo principal y no a la Fuerza Superior. En esta etapa se crea una revolución dentro del hombre: el ateísmo[8] toma su lugar como un enfoque aceptable de la vida. El hombre deja de comunicarse a ciegas con la Fuerza Superior, y su "yo" es percibido como centro de toda su realidad.

En el siglo XVIII comienza también la revolución industrial. El hombre siente que debe conquistar la naturaleza y su entorno. Con la acumulación de poder, el hombre aumenta el soporte de su "yo". Así la humanidad continúa su avance, hasta que al final, partiendo del deseo de dinero y honor, alcanza el deseo de conocimiento.

Al adquirir conocimiento, el hombre se vio a sí mismo como separado y elevado por encima de toda la naturaleza y de la realidad. En la época de la Iluminación, la actitud ante la vida se convierte en antropocéntrica[9]. La persona no solo se coloca en el centro de la realidad, sino que deja de creer los rumores y los "hechos" de diversas índoles. Abandona la fe ciega y se vuelca a la investigación experimental de la naturaleza y de la sociedad humana. Y así, la humanidad alcanza su última etapa de desarrollo.

Al mismo tiempo, el pueblo de Israel adquiere su forma final respecto a su decadencia y asimilación entre las naciones del

8. Negación de la existencia del Creador
9. Doctrina filosófica-moral que enfatiza la centralidad del humano en el mundo.

mundo. Hasta el siglo XIX, durante todos los años de exilio, el pueblo de Israel no abandonó el estudio de la Torá a nivel material, y tampoco la observancia de las diferentes costumbres. Pero ahora, cuando *Maljut*, o sea el deseo de recibir, se sobrepone a la *Biná* de las almas rotas, estas almas, comienzan a mostrar su corrupción en la práctica.

La regla es que en la mayor corrupción y oscuridad comienza a descubrirse el estado apropiado para la redención. Y entonces, el pueblo de Israel regresa físicamente a la tierra de Israel.

Baal HaSulam escribe que todo tiene un "tiempo de entrega" y un "tiempo de recepción", separados entre sí. La tierra nos fue "entregada" desde Arriba como la Torá en el Monte Sinaí, y ahora, después de ser entregada, llegó el momento de "recibir" la tierra. Es decir, recibir e implantar el método de la corrección que fue revelado y clarificado principalmente por Rabí Shimón Bar Yojai, en el siglo II d.c por el Arí en el siglo XVI, y en nuestra generación – por Baal HaSulam.

La corrección en nuestros días

En nuestros tiempos, el desarrollo de la humanidad está llegando a sus últimas etapas. Comienzan a despertarse preguntas en el hombre, cuyas respuestas, no logra encontrar dentro de los límites de este mundo. Aunque la humanidad posee riqueza, abundancia y la capacidad de asegurar una buena vida en la tierra, las personas se sienten atraídas justamente por la realidad que se encuentra más allá de este mundo. La persona desea saber las causas de su vacío, el por qué se siente mal. El hombre de hoy en día posee pertenencias que en generaciones anteriores se consideraban solo un sueño. Tiene todo lo necesario para su existencia – casa, comida, familia, y lugar de trabajo. La mayoría de la gente no se encuentra en peligro existencial, conserva su dignidad y a pesar de todo esto, no se siente satisfecha. No es feliz y busca el propósito de su vida.

El hombre trata de entender la razón de su existencia y cuál es el objetivo de su vida. Las preguntas que lo inquietan no están relacionadas con los placeres de la carne, o con deseos de riqueza, honor, conocimiento o con cualquier otro llenado que pueda conseguir en este mundo. Él espera una especie de llenado desconocido – uno que provenga de una fuente desconocida.

Rav Michael Laitman

Las preguntas existenciales del hombre de nuestro tiempo, tampoco se refieren a la etapa de su vida en este mundo. De hecho, la persona desea saber qué sucede más allá de esta vida – es la pregunta que lo inquieta. Pero el propio hombre aún no es consciente de ello.

Nos encontramos al comienzo de un período en donde el hombre deberá recibir respuesta a sus preguntas. La respuesta podrá clarificarse solamente descubriendo otra realidad, que es posible percibirla en otros *Kelim* (vasijas) – realidad en la cual, la persona está por fuera de sus cinco sentidos.

Las herramientas para descubrir la realidad superior se encuentran dentro de nosotros, y nosotros, debemos exponerlas y corregirlas. También ahora, existimos y nos encontramos en la realidad superior, pero nuestros *Kelim* corruptos deprimen la capacidad de sentirla. Si reparamos los *Kelim*, sentiremos cómo vivimos en dos tipos de realidades simultáneamente. En este estado, sentiremos el flujo de la vida como eterno y perfecto.

La primera corrección requerida, a través de la Luz que reforma, es la del pueblo de Israel. Como hemos mencionado, en nuestros tiempos, la sabiduría de la Cabalá es la única fuente para atraer la Luz correctora. Por lo tanto, en el **Zohar** está escrito, que esta sabiduría se revelará al final de los tiempos. La corrección de los *Kelim* del pueblo de Israel, conducirá a la corrección de la integración de Israel en las otras naciones. Al final del artículo "Introducción al libro del Zohar", Baal HaSulam escribe que con su corrección, el pueblo de Israel pasará a ser "luz para los gentiles" y generará también la corrección de las naciones del mundo. Entonces, todas las personas serán como una unidad, y se convertirán en un *Kli* para que descanse la Luz de la *Shejiná* (Divinidad), y la Luz del Creador.

En su corrección, Israel atraviesa por dos tipos de ocultamiento: el ocultamiento del Dador y el de los placeres espirituales. Mediante el estudio de la sabiduría de la Cabalá, el hombre pasa a través de dos etapas de ocultamiento, cruza la "barrera", que es punto final de la *Kedushá*, y entra en los mundos espirituales (ver Diagrama N° 3).

Con su corrección, el hombre conquista los mundos espirituales. Al principio, percibe la providencia del Creador a modo de "compensación y castigo" en los mundos de *BYA,* y cuando llega al mundo de *Atzilut,* percibe la providencia como "amor eterno". Luego, el hombre asciende por encima del mundo de *Atzilut* hasta *Ein Sof,* al final de la corrección. Toda la *Aviut* (espesor) que se le adicionó al primer hombre durante la corrección, se convierte en *Zacut* (pureza) y equipara su forma a la del Creador.

Diagrama N° 3

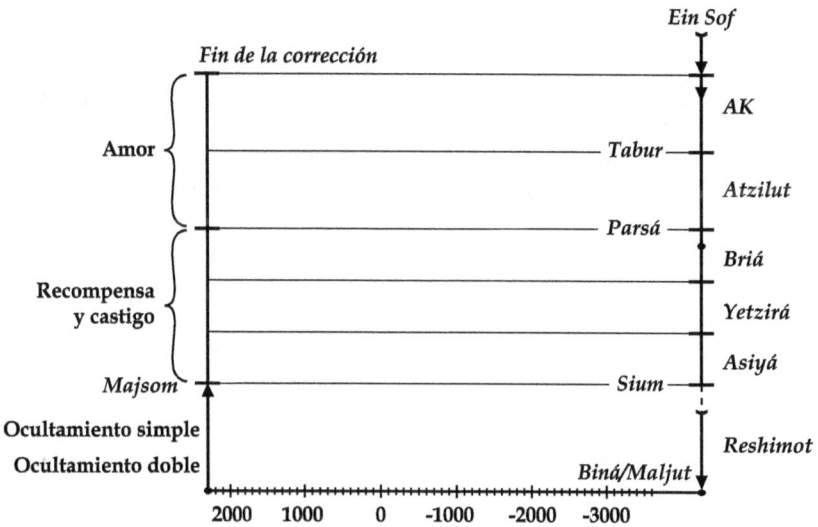

En el final de la corrección, *Maljut de Atzilut,* que incluye todas las almas, asciende a *Biná,* adquiere de ella el atributo de otorgamiento, y de este modo, se equipara con *Kéter* , con el Dador. El hombre adquiere el deseo del Creador de beneficiarlo y se refiere a Él en ese mismo sentido. Así equipara su forma con la del Creador y logra alcanzar el nivel del verdadero humano. Por haber atravesado por sí mismo toda la senda de la corrección, adquiere también el Plan de la Creación que es beneficiar a Sus creados. Es decir, al final de la corrección, el hombre adquiere el nivel y el estado que existía antes de ser creado. Tiene el privilegio de incluirse en el pensamiento que le dio vida como creado. Este es el significado de una semejanza completa del creado con el Creador. De este modo, se concreta la Meta de la Creación, y el proceso llega al final de la corrección.

Rav Michael Laitman

El ascenso hasta la *Parsá de Atzilut* es denominado por los cabalistas como "seis mil años", como dijeron los sabios: "Seis mil años existió el mundo" (*Sanhedrín* 97, 71); y en el séptimo milenio, el mundo de *Atzilut*, se contrapone al *Shabat* (Sábado). Después del séptimo milenio, se encuentran otros ascensos en el octavo milenio, en el noveno, y el décimo, al pasar al mundo de *Atzilut*, a *SAG*, *AB* y *Galgalta*, y de allí – al mundo de *Ein Sof*.

Los cabalistas relatan que los ascensos prosiguen hasta una realidad que va más allá del mundo de *Ein Sof*, pero esta realidad no suelen describirla. Nuestra raíz está en *Ein Sof*. Los estados por encima de *Ein Sof* no se incluyen en nuestra lista y por lo tanto, resulta imposible pronunciarlos con palabras. Sin embargo, después de la futura corrección final, lograremos niveles mucho más elevados.

El ascenso del hombre es infinito.

Acerca de Bnei Baruj

Bnei Baruj es el mayor grupo de cabalistas en *Israel*, que comparte la sabiduría de la Cabalá con el mundo entero. Los materiales de estudio se distribuyen en 32 idiomas y están basados en textos de Cabalá auténtica que han sido transmitidos de generación en generación.

Historia y origen

El Rav Dr. Michael Laitman, Profesor de Ontología y Teoría del Conocimiento, Doctor en Filosofía y Cabalá, Máster en Medicina Bio-Cibernética, estableció *Bnei Baruj* en 1991, tras el fallecimiento de su maestro, *Rav Baruj Shalom HaLevi Ashlag* (*El RaBaSh*). El Dr. Laitman denominó a su grupo *Bnei Baruj* (hijos de *Baruj*) para honrar la memoria de su mentor, de quien nunca se apartó en sus últimos 12 años de vida del *RaBaSh*, desde 1979 hasta 1991. Fue el principal estudiante de *Ashlag* y su asistente personal, y es reconocido como el sucesor del método de enseñanza del *RaBaSh*.

Este fue el primogénito y sucesor del más grande cabalista del siglo XX, *Rabí Yehuda Leib HaLevi Ashlag*, autor del más exhaustivo y autorizado comentario sobre el *Libro del Zóhar*, llamado *Sulam* (Escalera), el primero en revelar el método completo para la elevación espiritual. Esta es también la razón del epíteto de *Ashlag*, *Baal HaSulam* (Dueño de la Escalera). *Bnei Baruj* basa enteramente su método en el camino pavimentado por esos grandes líderes espirituales.

El método de estudio

El método único de estudio desarrollado por *Baal HaSulam* y su hijo, el *RaBaSh*, se enseña y aplica diariamente por *Bnei Baruj*. Este método se apoya en fuentes auténticas de Cabalá, como *El Libro del Zóhar* (*Rabí Shimon Bar Yojai*), los escritos del *ARÍ*, *El Árbol de la Vida* (*Etz Jaim*), y también en los libros escritos por *Baal HaSulam* – *El Talmud Eser Sfirot* (*El Estudio de las Diez Sfirot*) y el *Sulam*, el comentario de *El Libro del Zóhar*. Aunque estos estudios se basan en fuentes auténticas de Cabalá, son transmitidas de una forma sencilla y actual. El desarrollo de esta metodología ha hecho de *Bnei Baruj* una organización internacionalmente reconocida y muy respetada en *Israel*. La combinación única de un método de estudio académico junto con experiencias personales, amplía la perspectiva de los estudiantes y les recompensa con una nueva percepción de la realidad en la que viven. El método de estudio dota a aquellos que se encuentran en el camino espiritual

Rav Michael Laitman

con sensitivas herramientas que les permiten descubrirse a sí mismos y a su realidad circundante.

El mensaje

Bnei Baruj es un movimiento pluralista que sobrepasa los dos millones de estudiantes en todo el planeta. Cada estudiante escoge su propio camino e intensidad, de acuerdo a sus condiciones personales y habilidades. En años recientes, ha desarrollado una actividad involucrada en proyectos voluntarios educacionales, presentando las fuentes de la Cabalá genuina en un lenguaje moderno. La esencia de este mensaje diseminado por *Bnei Baruj* es la unidad de las personas, de las naciones y el amor del ser humano. Durante miles de años, los cabalistas han estado enseñando que el amor entre los humanos es el fundamento del Pueblo de *Israel*. Este amor prevaleció en los tiempos de *Avraham*, *Moshé* (Moisés) y del grupo de cabalistas que ellos establecieron. El amor fue el combustible que propulsó al Pueblo de *Israel* en sus extraordinarios descubrimientos. Con el discurrir del tiempo, el hombre desarrolló un odio infundado, la nación cayó en el exilio y la aflicción. Si permitimos albergar nuevamente esos antiguos pero permanentes valores, descubriremos que poseemos el poder de deshacernos de nuestras diferencias y unirnos. La sabiduría de la Cabalá, escondida por miles de años, está resurgiendo hoy en día. Ha estado esperando el momento idóneo en el que estuviéramos suficientemente desarrollados y preparados para implementar su mensaje. En la actualidad, está emergiendo como un heraldo y una solución que pueda unir las facciones en y entre las naciones y traernos a todos, como individuos y como sociedad, a una situación mucho mejor.

Actividades

Bnei Baruj ha sido establecido bajo la consigna de *Baal HaSulam* que "sólo mediante la expansión de la sabiduría de la Cabalá entre las masas, lograremos alcanzar la completa redención". En ese sentido, *Bnei Baruj* ofrece una diversidad de medios para que las personas puedan explorar y descubrir el propósito de sus vidas, proveyendo una guía tanto para principiantes como para estudiantes avanzados.

Periódico de Cabalá

El periódico *La Voz de la Cabalá*, es producido y diseminado por *Bnei Baruj* bimestralmente. Es apolítico, no comercial, y escrito en un estilo claro y contemporáneo.

Su propósito es exponer el vasto conjunto de conocimiento escondido en la sabiduría de la Cabalá de manera gratuita y de la manera más clara posible. El periódico es distribuido gratis en las comunidades hispanas de Estados Unidos e *Israel*, así como también en México, España, Argentina, Chile, Colombia, Ecuador y República Dominicana, entre otros. Es distribuido en diversos idiomas en Estados Unidos, Toronto (Canadá), *Israel*,

Londres (Inglaterra) y Sídney (Australia). El periódico es impreso en español, inglés, hebreo y ruso. También se encuentra disponible en nuestro sitio de Internet: www.kabbalah.info. La página principal de *Bnei Baruj*, www.kabbalah.info/es/, presenta la auténtica sabiduría de la Cabalá usando ensayos, libros y textos originales. El sitio también contiene una extensa biblioteca, única en su tipo, para el desarrollo de una minuciosa investigación de la sabiduría, así como también archivos multimedia, www.kabbalahmedia.info, conteniendo decenas de miles de ítems multimedia, libros que se pueden bajar de la Red y, una vasta reserva de textos, archivos de audio y video en muchos idiomas. Todo el material está disponible para bajarlo sin costo.

Canal de TV de la Cabalá

Bnei Baruj estableció una empresa de producción, ARÍ Films, www.arifilms. tv, especializándose en la producción de programas educacionales de televisión alrededor del mundo en muchos idiomas. En *Israel*, las emisiones de *Bnei Baruj* son transmitidas en los canales Hot (cable) y 66, de domingo a viernes. Todas las transmisiones de estos canales son totalmente gratuitas. Los programas en estos canales son especialmente adaptados para principiantes y no requieren un conocimiento previo. Este conveniente proceso de aprendizaje se complementa con programas en los que se presentan reuniones del Rav Michael Laitman con figuras públicas de *Israel* y del resto del mundo. Adicionalmente, *ARÍ* Films produce series educativas en DVD, documentales y otros recursos audiovisuales de apoyo para la enseñanza.

Conferencias de Cabalá

Bnei Baruj abrió un nuevo centro de estudio en *Israel, Petaj Tikva,* llamado, *Beit Cabalá LaAm (Casa Cabalá para la Nación).* El lugar de reunión comprende dos salones: uno grande para las conferencias públicas y otro pequeño para varias lecciones de Cabalá en grupos pequeños. Las lecciones y conferencias toman lugar en las mañanas y noches, e introducen varios tópicos, explicados de acuerdo a las fuentes auténticas de Cabalá de una manera apropiada, tanto para principiantes como para avanzados. Actualmente se han abierto varios centros de estudio en diversas ciudades de *Israel* como *Jaifa, Jedera, Yerushalaim, Ashkelon, Ber Sheva, Eilat y HaAravá, Julón, y prácticamente todas las ciudades.*

Rav Michael Laitman

Sitio de Internet

El sitio Web de *Bnei Baruj*, **www.kabbalah.info/es/** , presenta la auténtica sabiduría de la Cabalá utilizando ensayos, libros y, textos originales. El sitio también contiene una extensa biblioteca, única en su tipo a disposición de los lectores que deseen adentrarse en profundizar en la sabiduría de la Cabalá. Además, cuenta con un archivo de medios, **www.kabbalahmedia.info** , con decenas de miles de ítems multimedia, descarga de libros y un vasto repertorio de textos y archivos de medios en vídeo y audio, en muchos idiomas. Todo este material se encuentra disponible para ser descargado gratuitamente.

Libros de Cabalá

El Rav Dr. Laitman escribe sus libros en un estilo claro y contemporáneo, basado en conceptos claves de *Baal HaSulam*. Hoy en día, estos libros sirven como un "enlace" fundamental entre los lectores y los textos originales. Rav Dr. Laitman ha escrito cerca de cuarenta libros, los mismos que han sido traducidos a catorce idiomas.

Lecciones de Cabalá

Tal como los cabalistas lo han estado haciendo por centurias, el Rav Dr. Laitman imparte lecciones diarias en el centro *Bnei Baruj* en *Israel* entre las 3:00 – 6:00 AM hora de *Israel*. Las lecciones son traducidas simultáneamente de hebreo en seis idiomas: español, inglés, ruso, alemán, italiano y turco. En un futuro cercano, las transmisiones se realizarán en francés, griego, polaco y portugués. Como todo lo demás, las transmisiones en vivo son suministradas gratuitamente a miles de estudiantes por todo el mundo a través de **www.kab.tv/spa**

Financiamiento

Bnei Baruj es una organización no lucrativa para la enseñanza y difusión de la sabiduría de la Cabalá. A fin de mantener su independencia y pureza de intenciones, *Bnei Baruj* no está apoyada, financiada, o de ninguna otra forma, sujeta a ningún gobierno o entidad política.

Dado que su actividad principal es gratuita, su fuente básica de financiamiento son las contribuciones, aportadas por los estudiantes de forma voluntaria. Otras fuentes de ingresos son los libros del Rav Dr. Laitman, los cuales son vendidos al precio de coste, y donaciones.

Información de contacto

Centro de Estudios de Cabalá Bnei Baruj

(Learning Center)

Sitio web: www.cabalacentroestudios.com

Sitios Web Bnei Baruj

www.kabbalah.info/es

www.kab.tv/spa

www.laitman.es

www.kabbalahmedia.info

www.kabbalahbooks.info

Bnei Baruj Instituto de Educación e Investigación de la Cabalá

Correo electrónico: spanish@kabbalah.info